Daniel DESCOMPS

Jouets d'autrefois

Lo pichon esquiròl

Texte occitan : Bernat GIACOMO

Fotografia : Daniel DESCOMPS

Maqueta de coberta : Felipe SABATIER

Compausicion : Talhèr P.A.O.
de l'ostal del libre

primièra edicion

IEO

ostal del libre
1994

Dans la même collection
«lo biais»

«Jouets rustiques» Danièl DESCOMPS

A paraître :

«Nouvelle cuisine d'hier» Michèle CANET
«Chants d' Auvergne» Didier HUGUET,
Jean-Claude ROCHER, Alain BRUEL

Autres collections :
«Escapade»

«L'art de la fourme» Jean-Claude ROCHER
«La bourrée» Catherine LIETHOUDT
«Un goût de gentiane» Monique ROQUE
«Il était une fois Garabit» Guy BRUN
«Recettes d'Auvergne» Michèle CANET
«Cuisine paysanne en Périgord» Michèu CHAPDUELH
«Au pays des feuillardiers» Henri CAPREDON

«Miralh»

«Paroles d'oiseaux» Didier HUGUET, Jean-Claude ROCHER,
Julie FEUILLAS

«Racontes»

A paraître

«Lo pè-ranquet del solelh» Peire LAGARDA
«Còntes pas tròp messorguièrs» Jean VEZOLE
«Los chamins prionds de la memòria» Marcelle DELPASTRE

ostal del libre
servici edicion-difusion de la seccion cantalesa de
l'Institut d'Estudis Occitans
IEO
BP 602
15006 ORLHAC Cedex
tel : 71 48 93 87 fax : 71 64 88 60

Catalogue complet sur simple demande

Vous étiez déjà plus de cinquante, cités dans l'ouvrage «JOUETS RUSTIQUES», amis de longue date, amis nouveaux brièvement rencontrés au hasard d'une exposition , d'un stage ou d'une conférence, et voici que la liste s'allonge. Et vous avez toujours le sourire et la joie de vos dix ans lorsque nous nous rencontrons, votre gentillesse est toujours aussi grande, votre foi dans les choses simples qui font les vrais bonheurs. Merci à tous, encore une fois, de tout coeur:

Mme AURELIEN...
BRUEGEL l'Ancien (par delà les siècles!)
Mr CASTIAU...
CAUWET Bernard
CHAUVINEAU Cécile
CHERCHI Enzo
COOMONTE José Luis
COMBALUZIER Jean
DEFAY Bruno
DESCOMPS Jean Louis
DESCOMPS Pierre Emmanuel
DESCOMPS Xavier
ELY Bernard
GIBERT Pomme
GOSSART Gérard
HERNANDEZ Aurelia
HOUDARD Pierre
OLEWSKI Valérie
POIREAU Guy
Mme PLANCHARD ...
TARTAGLIA Thierry
TAUGUIN Michel
TORRES Manuel
TRENTIN Bruno

et aussi à vous qui, par discrétion,
n'avez pas souhaité donner votre nom,
et encore à tous ceux
à qui j'ai oublié de demander le leur ...

IEO

ostal del libre

Elle

Je suis entouré d'une nuée d'enfants.

Bien affutés, les couteaux vont et viennent dans les petites mains qui élaborent des merveilles.

Au fur et à mesure que passent les heures, je prends conscience plus clairement d'une douce, discrète et fidèle présence à mes côtés.

Elle n'a encore rien dit, et la séance se termine. C'est le dernier instant, la dernière seconde.

- Dis, s'il vous plaît, tu me la donnes ta tortue ?

Lui

Quatre ans, cinq ans peut-être. Nous venons de fabriquer un «canta caramèl».

Il souffle, et ses joues vont éclater. Ses yeux disparaissent sous la boursouflure, et le masque rougit.

Rien. Pas le moindre bruit ne sort de l'instrument.

Soudain, c'est le miracle : «Tuuuu-uuuuu!». Il ne s'arrête plus.

Deux gigantesque larmes épousent lentement la courbe de ses joues.

Quand on n'a que cela à opposer à la folie des hommes...

Le trésor de l'écureuil

A l'occasion des promenades, et au passage des saisons, chacun, ainsi que l'écureuil des bois, se constituera un petit trésor de matières premières, afin de ne jamais se voir reduit au dépourvu.

Les tubes. Il en faudra de toutes tailles (de 0,3 à 3 cm de diamètre). En roseau, faciles à couper, légers. En bambou, très durs, résistants. En sureau, bien ronds à l'intérieur. Et aussi en cardaire ou pailles dures.

Les gitolles (ou gourmands). Bien droites et sans noeuds. De tous diamètres et longueurs. Certains arbres en fournissent de très belles : châtaignier, noisetier, prunier, osier, tilleul. Prévoir aussi des scions de bambou.

Les fourches. A deux dents, en noisetier, châtaignier, merisier. A trois dents en frêne, érable.

Les planchettes. Démonter les cagettes de fruits pour obtenir des planchettes de sapin rigides, de contreplaqué fin (cagettes d'oranges en hiver), de fines lamelles souples de bois déroulé. Ne pas oublier les boîtes de camembert et d'allumettes.

Les bois durs, les bois tendres. Indispensables pour certains effets. Bois durs et lourds : le hêtre, le chêne, le merisier, le noyer. Bois dur et élastique : le bambou (noir si possible). Bois tendres et légers : le tilleul, le lierre.

Les herbes. Les épis d'orge sauvage en été, les capitules de bardane, les pailles de folle avoine, d'avoine ou de seigle.

Les cupules et les bogues. De glands, de faînes (hêtre), de marrons, de châtaignes.

Les fruits secs. Les noisettes, les noix, les glands, les châtaignes, les marrons, les amandes.

Et, en vrac, au fond du panier. Les galles (du chêne), les pommes et écorces de pin, les noyaux d'abricots, les noix de cyprès. Les plumes d'oie, de poule, canard, oiseaux. Les crins de chevaux. Les bouchons, les bobines en bois (les grands-mères en ont encore dans leurs boîtes à couture : c'est une occasion de les rencontrer). Les élastiques de chambres à air de divers modèles. Les membranes (vessies de porc).

Lo tresaur de l'esquiròl

A l'ocasion de las passejadas, e de sason en sason, cadun, coma l'esquiròl dels bòscs, s' amassará un pichon tresaur de matèrias primièras, pr'amor de pas jamai riscar de mançar de res.

Los tudèls. *Ne caldrá de totas dimensions (de 0,3 dusca 3 cm de diamètre). De canavera, de bon talhar, leugièrs. De bambó, plan durs, resistants. De sambuc, plan redonds del dedins. Mai tanben de cardèla o de palhas duras.*

Las flaujas. *Plan dreitas e sens cap de nosèls. De tots diamètres e longors. D'arbres que i a ne dònan de plan polidas : castanhièr, avelanièr, prunièr, vim, telh. Preveire tanben de las gisclas de bambó.*

Las forcas. *De doás dents, d'avelanièr, castanhièr, cerièr. De tres dents, de fraisse, d'auseral.*

Las postarèlas. *Demargar las gabiòtas de fruchas per obténer de postarèlas de sapin reddas, de contraplacat fin (gabiòtas d'iranges l'ivèrn), de finas lamelas francas de bòsc derotlat. Oblidar pas las bóstias de camembèrt e d'alumetas.*

Los bòscs durs, los bòscs tendres. *Indispensables per qualques efièchs. Bòscs durs et pesats : lo fau, lo cerièr, lo noguièr. Bòscs durs e francs : lo bambó (negre se possible). Bòscs tendres e leugièrs : lo telh, l'enna.*

Las èrbas. *Los espigals d'òrdi salvatje en estiu; los laputs o cardons; las palhas de civada fòla, de civada o de segle.*

Las cufèlas e los pelons. *D'aglands, de fèinas (fau), de marrons, de castanhas.*

Las fruchas secas. *Las avelanas, las noses, les aglands, las castanhas, los marrons, las ametlas.*

E, forra borra, al fons del ceston. *Las galas del garric, las pinhas e ruscas del pin, los nogals d'albricòt, las ronhas de ciprès. Las plumas d'aucas, de galinas, de rit, d'aucèls. Los crins de cabalas. Los taps, las bobinas de bòsc (las grands maires n'an encara dins lor bóstia de cordura, quò's una ocasion de las rescontrar). Las elasticas de cambras d'aire de modèls divèrs. Las membranas (petegas de pòrc).*

Fabriquer ses outils

C'est à la noble simplicité de ses outils que l'on reconnaît l'artisan habile. La sophistication du matériel ne remplace, ni ne forme non plus, l'intelligence de la main.
Il conviendra de se fabriquer nombre de petits outils spéciaux, très simples, mais que l'on ne trouve pas dans le commerce.

Les poinçons. A faire rougir au feu : en fil de fer de différents diamètres, assez longs pour ne pas se brûler. De section carrée, pour agrandir un trou : on les façonnera à la lime et à la pierre à aiguiser, à partir d'une vieille clef, d'une pointe emmanchée, etc. Réaliser des arêtes bien mordantes, car les poinçons ronds font éclater les bois.

Les fers. Ils seront façonnés à la mesure, dans des fils de fer variés, et serviront à dessiner des yeux, nez, bouches, à découper des oreilles, etc. Ils seront emmanchés dans des tronçons de gitolles.

Fargar sos esplechs

Lo mestieral biaissut se reconeis dins la simplicitat nòbla de sos esplechs. La sofisticacion del material remplaça pas, mai ensenha pas lo biais de la man. Se caldrá fargar maites pichons esplechs especials, massas simples, que se tròban pas dins lo comerci.

Los ponchons*. De faire rogir al fuòc : de fil de ferre de maites diamètres, pro longs per se brutlar pas. De seccion cairada, per far mai bèl un trauc : se fargaran a la lima e a la peira d'afilar, en partir d'una clau vièlha, d'una poncha margada, e çò autre... Lor donar de las arestas plan finas que los ponchons redonds fan esclatar los bòscs.*

Los fèrres*. Seran fargats a la dimension, dins de fils de fèrre divèrs, e serviran per dessenhar uèlhs, nas, bocas, per descopar d'aurelhas e çò autre... Seran margats dins de tròçs de flaujas.*

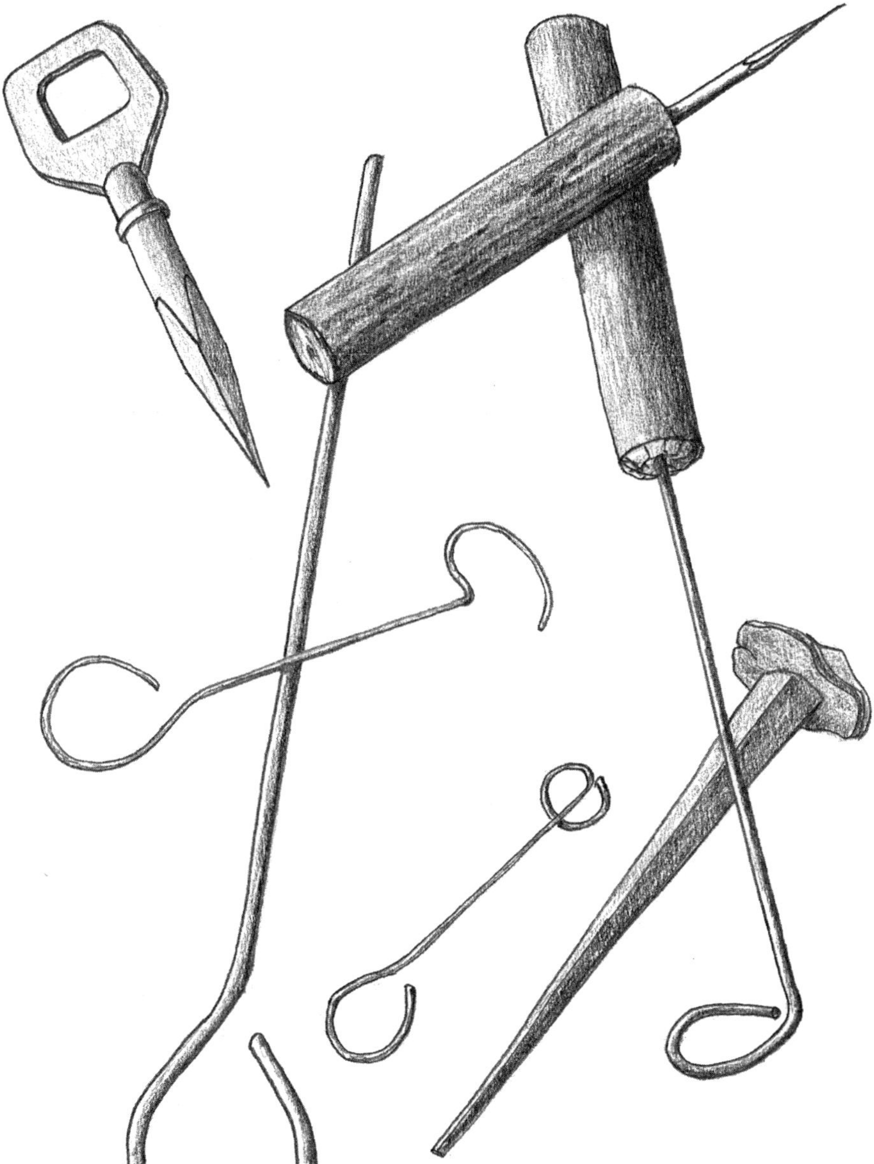

Les petits hommes

Matériaux. Des oeufs de poule. Des lentilles vertes du Puy. Du coton hydrophile.

Outils. Le couteau, marqueur feutre.

Réalisation. Faire bouillir les oeufs entiers. Découper une calotte à la pointe du couteau, vider et nettoyer l'intérieur. Dessiner les visages au marqueur. Remplir de coton que l'on imbibera d'eau. Déposer sur le coton une couche de lentilles. Attendre la germination. Arroser.

Utilisation. Au fur et à mesure que se développe la végétation, l'expression des petits hommes évolue.

Los òmes pichons

Material. *D'uòus de galina. De lentilhas verdas del Puèi. De coton idrofil.*

Esplechs *Cotèl, marcaire de futre.*

Realisacion. *Faire bolhir los uòus entièrs. I copar un capeton amb la poncha del cotèl, voidar e curar lo dedins. Dessenhar las caras amb lo marcaire. Emplir de coton que se trempará puèi d'aiga. Escampilhar sul coton una solada de lentilhas. Esperar la brolhadura. Asaigar.*

Utilisacion. *A flor e a mesura que la vegetacion se desvelòpa, l'expression dels òmes pichons càmbia.*

La marmite

Materiaux. Des galles de chêne sèches. Des brindilles. Du fil de fer fin .

Outils. Le couteau.

Réalisation. A la pointe du couteau, découper une calotte autour du point d'attache de la galle. Creuser l'intérieur. Planter les trois pieds et fixer l'anse.

Utilisation. Dînettes. On peut, selon la même technique, fabriquer toute une batterie de cuisine.

L'ola

Material. *De galas de garric secas. De brostèlas. De fil de fèrre fin.*

Esplechs*. Lo cotèl.*

Realisacion*. Amb la poncha del cotèl copar un capeton al torn del ponch d'estaca de la gala. Curar lo dedins. Plantar los tres pès e fixar la carba.*

Utilisacion*. Dinnarèla. Se pòt, en sègre la mèma tecnica, fabricar tota una batariá de cosina.*

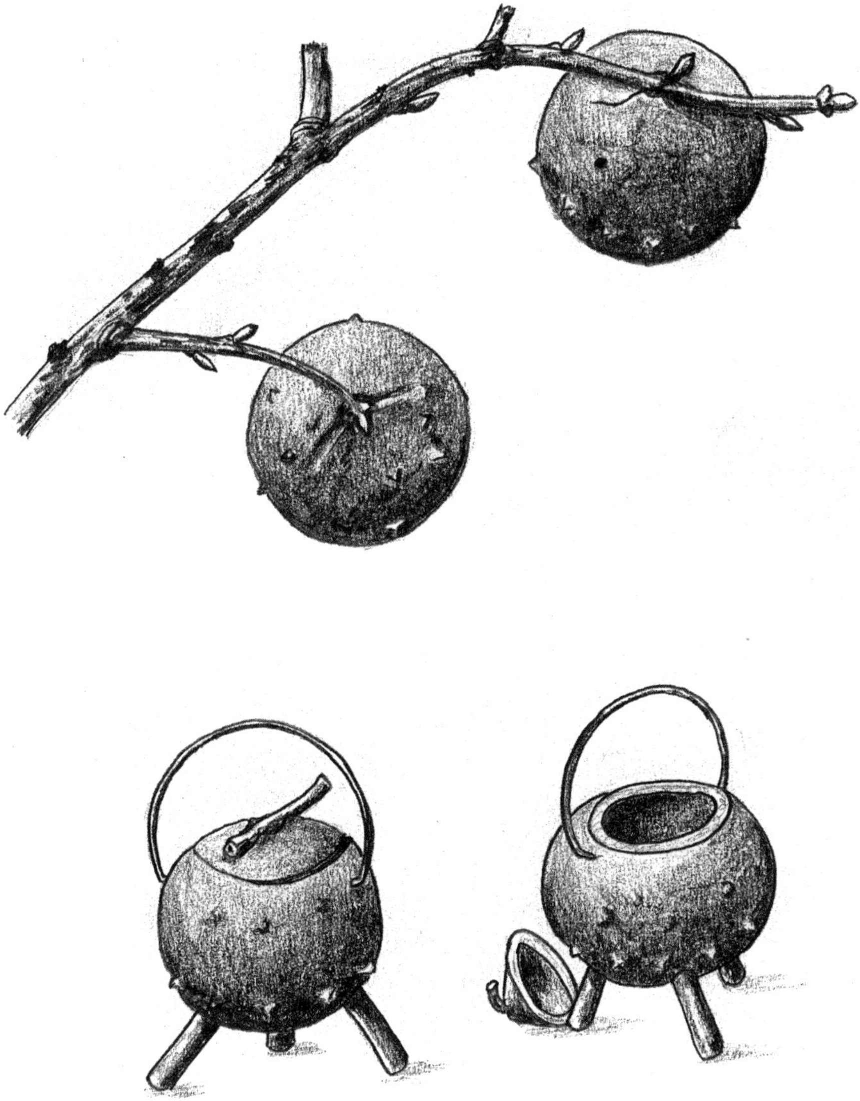

Le masque

Materiaux. Des noix de cyprès.

Outils. Le couteau.

Realisation. Couper la noix de cyprès par le milieu, perpendiculairement à la queue. Retirer les graines de leur logement : on obtient un masque. (En Espagne on dit «la tête de mort»). Pour faire l'encre : 1) écraser et faire bouillir 20 minutes des galles de chêne; 2) pour noircir cette encre sépia, y ajouter quelques cristaux de sulfate de fer; 3)pour la rendre plus onctueuse, y faire fondre un peu de gomme arabique.

Utilisation. En se servant de la demi-noix comme tampon que l'on encre, on imprime des masques.

La masqueta

Material. *De ronhas de ciprès.*

Esplechs. *Lo cotèl.*

Realisacion. *Partajar la ronha de ciprès a l'escaire de la coá. Tirar las granas de lor lojament : s'obten una masqueta, (en Espanha se ditz» la testa de mòrt»). Per faire la tencha : 1) Cachar e faire bolhir 20 minutas de galas de garric; 2) Per negrejar aquela tencha, i ajustar qualques grans de sulfata de fèrre; 3) per la faire mai onchosa, i faire fondre un peçuc de goma arabica.*

Utilisacion*. En se servir de la meitat de ronha coma tampon que se tencha òm imprimís de masquetas.*

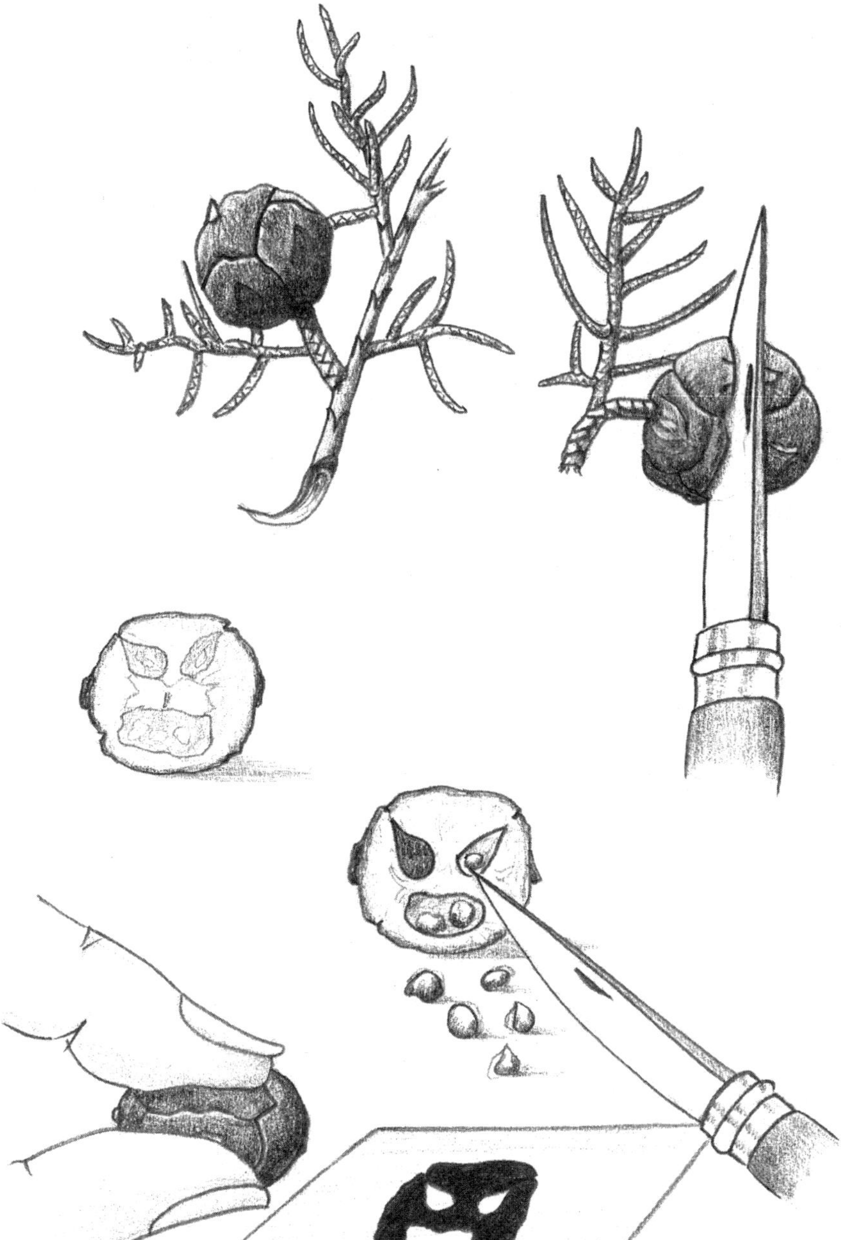

Les conkers *

Matériaux. Des marrons d'Inde. De la ficelle.

Outils. Le couteau. Poinçon en fil de fer.

Réalisation. Perforer le marron avec le poinçon, y passer la ficelle retenue à un bout par le noeud.

Utilisation. Le joueur «A» tient son conker à bout de bras, au bout de la ficelle ; il ne peut pas le toucher. Le joueur «B» l'attaque avec le sien. Si «B» casse le conker de «A», le conker gagnant marque un point, sinon les rôles changent. Le conker vainqueur accumule les points qui seront eux-mêmes transmis, plus 1 point à un nouveau conker vainqueur. Ainsi, un conker ayant accumulé 3 points, qui en briserait un valant lui-même 5 points vaudrait alors 3+5+1 = 9 points.

* Jeu anglais.

*Los conquèrs**

***Material**. De marrons d'India. De ficèla.*

***Esplechs**. Cotèl. Ponchon de fil de fèrre.*

***Realisacion**. Traucar lo marron amb lo ponchon, i passar la ficèla tenguda d'un cap pel nosèl.*

***Utilisacion**. Lo jogaire «A» ten son conquèr al cap del braç, al cap de la ficèla; lo pòt pas tocar. Lo jogaire «B» l'ataca amb lo seu. Se «B» còpa lo conquèr de «A», lo conquèr ganhaire marca un ponch, si que de non, los ròtles cambian. Lo conquèr venceire comola los ponchs que seran eles-mèmes passats, mai un ponch a un conquèr venceire novèl. Atal, un conquèr agent comolat 3 ponchs, que ne copariá un valent 5 ponchs valdriá alavetz 3+5+1=9 ponchs.*

**jòc anglés*

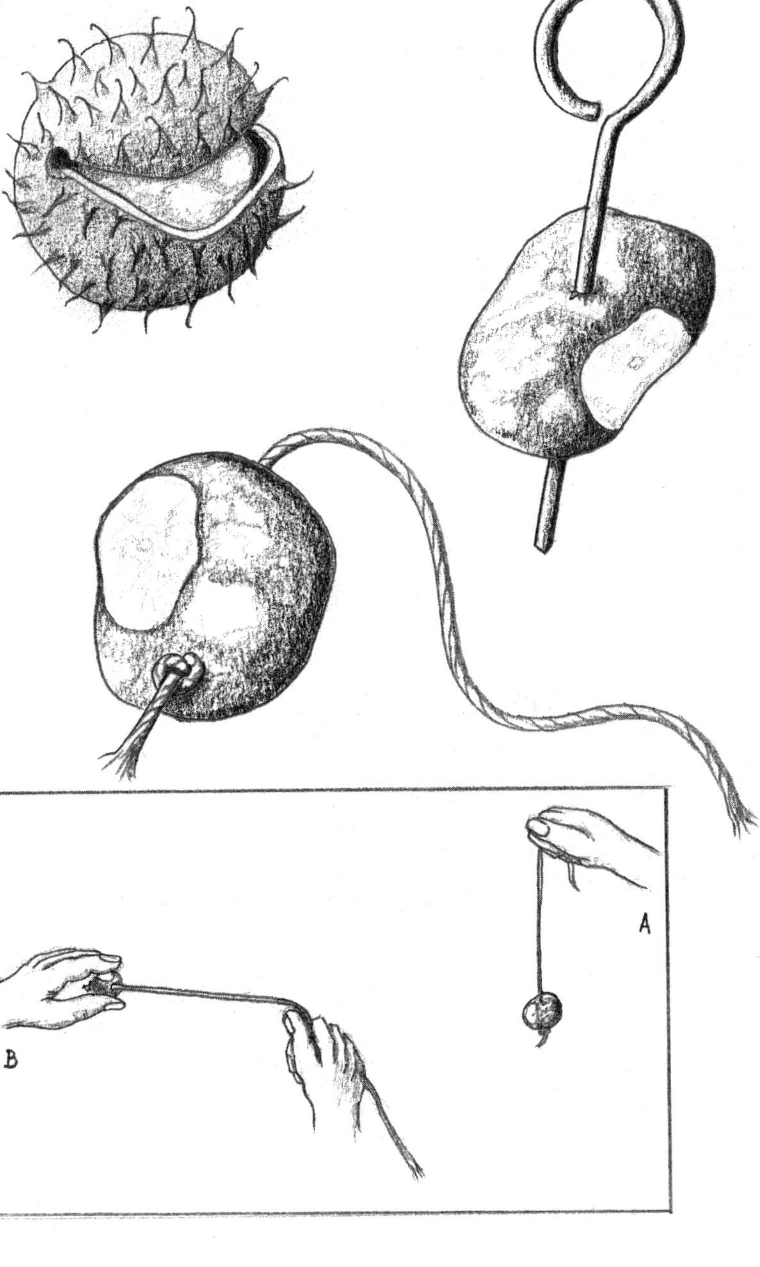
A
B

La balle de caoutchouc

Matériaux. Du papier journal. De la chambre à air.

Outils. Des ciseaux.

Réalisation. Froisser (bien sérré) du papier journal, jusqu'à obtenir une boule d'un diamètre supérieur à celui de la chambre à air. Découper des rondelles dans la chambre à air, et encercler la boule de journal jusqu'à l'habiller à peu près entièrement.

Utilisation. Jeux de balle ou de boules (pour la pétanque, imbiber les balles d'eau).

La palma

Material. *De papièr jornal. De cambra d'aire.*

Esplechs. *Un parelh d'estalhants.*

Realisacion. *Fresilhar, plan sarrat, de papièr jornal, per obténer una bòcha d'un diamètre superior a aquel de la cambra d'aire. Talhar de rondelas dins la cambra d'aire, e ceuclar la bòcha de jornal dusca que quò la vestiguèsse entièirament, pauc o pro.*

Utilisacion. *Jòcs de palmas o de bòchas (per far a pè-tanca, trempar las bòchas dins l'aiga).*

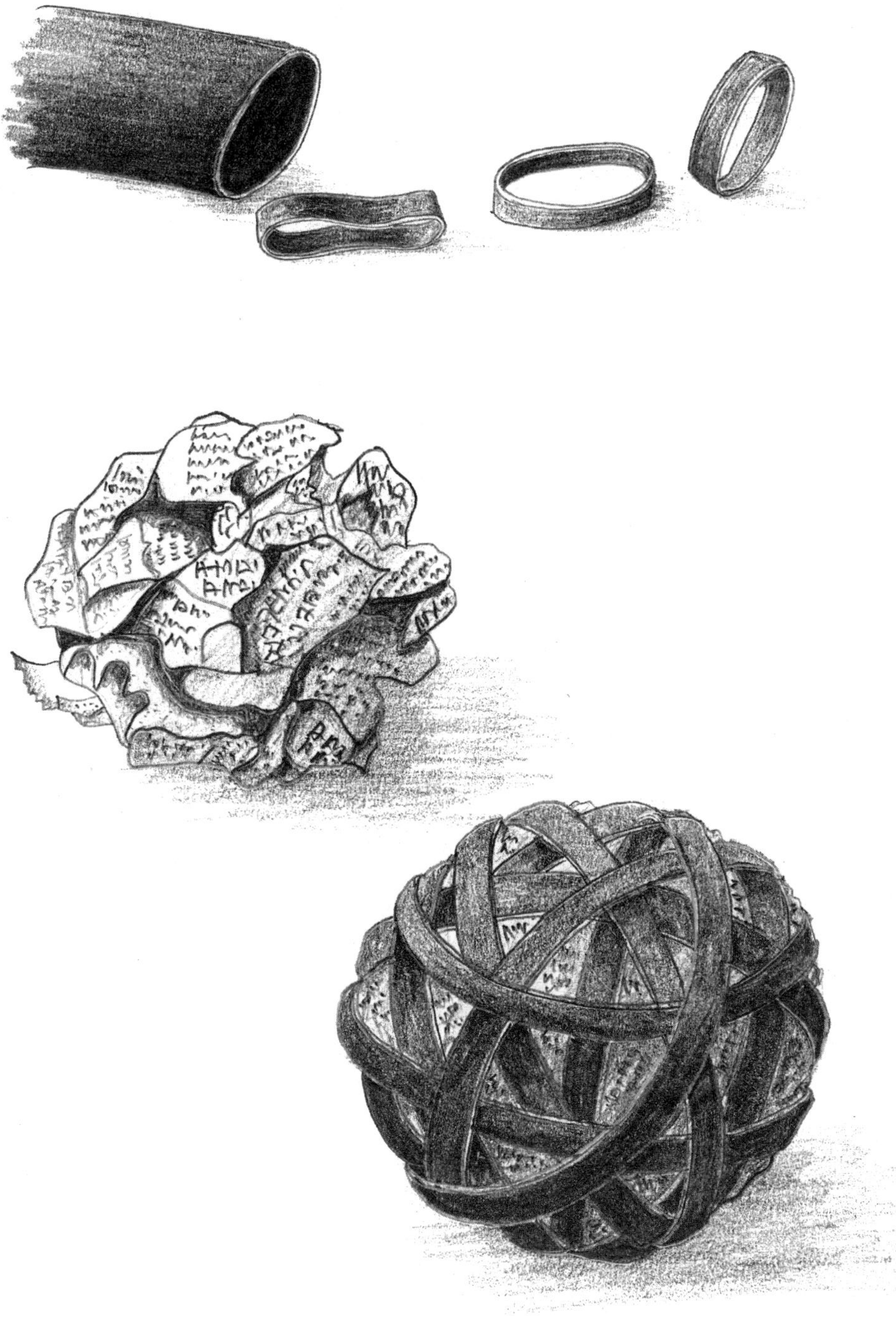

Le téléphone

Matériaux. Deux boîtes de cirage vides. Une botte de raphia.

Outils. Une grosse pointe, un marteau, un socle en bois.

Réalisation. Percer le couvercle des deux boîtes d'un maximum de trous. Percer les fonds d'un seul trou, et rabattre les bavures de métal qui pourraient couper le fil. Nouer bout-à-bout les brins de raphia afin d'obtenir un long fil dont on fixera les extrémités au fond de chaque boîte.

Utilisation. Tendre le fil que rien ne doit toucher. Parler et écouter alternativement dans les boîtes.

Lo telefòne

***Material**. Doás bóstias de ciratge voidas. Una braçada de rafià.*

***Esplechs**. Una poncha gròssa, un martèl, un sòcle de bòsc.*

***Realisacion.** Traucar lo cobèrt de las doás bóstias en far un maximòm de traucs. Traucar los fons d'un sol trauc, e plegar las barbas del metal que podrián trencar lo fil. Nosar cap e cap, los brins de rafià a fins d'obténer un long fil que s'en fixará los caps al fons de cada bóstia.*

***Utilisacion**. Tendre lo fil que res deu pas tocar. Parlar e escotar, un còp l'un, un còp l'autre, dins las bóstias.*

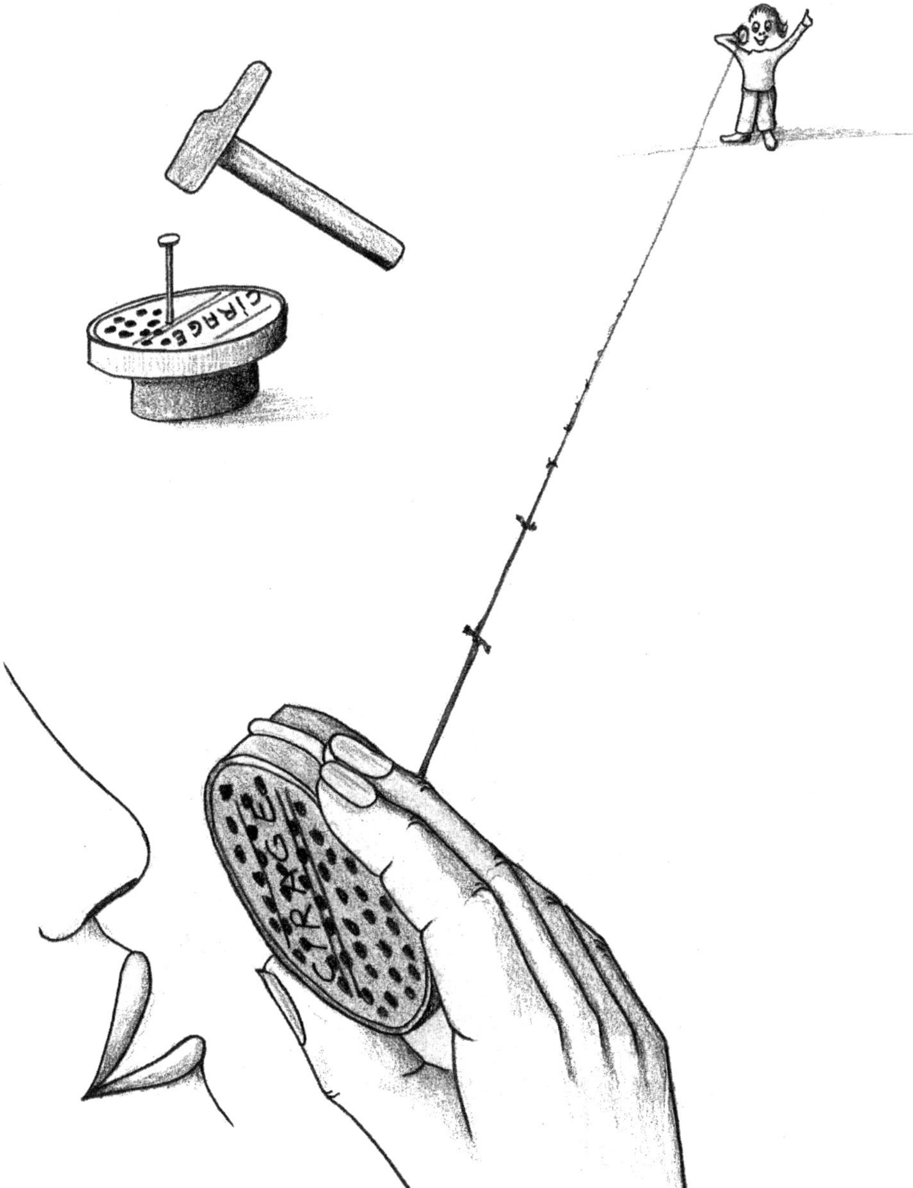
CIRAGE
CIRAGE

L'agbeti *

Matériaux. Des marrons d'Inde. Des plumes de poule, d'oie, etc.

Outils. Un poinçon.

Réalisation. Rechercher le meilleur point d'équilibre du marron. Avec le poinçon, perforer verticalement le marron posé au sol. Fixer une plume dans ce trou.

Utilisation. Chaque joueur possède un agbeti. Un des joueurs les tient tous par les plumes et les laisse tomber à terre. Les joueurs dont l'agbeti se couche sont éliminés.

* Nom donné en Afrique.

L'agbetí

Material. *De marrons d'India. De plumas de galina, d'auca e çò autre...*

Esplechs. *Un ponchon.*

Realisacion. *Cercar lo melhor ponch d'equilibri del marron. Amb lo ponchon, traucar a la verticala lo marron pausat al sòl. Fixar una pluma dins aquel trauc.*

Utilisacion. *Cada jogaire possedís un agbetí. Un dels jogaires les ten tots per las plumas e les daissa tombar per terra. Los jogaires que lor agbetí se jai, son eliminats.*

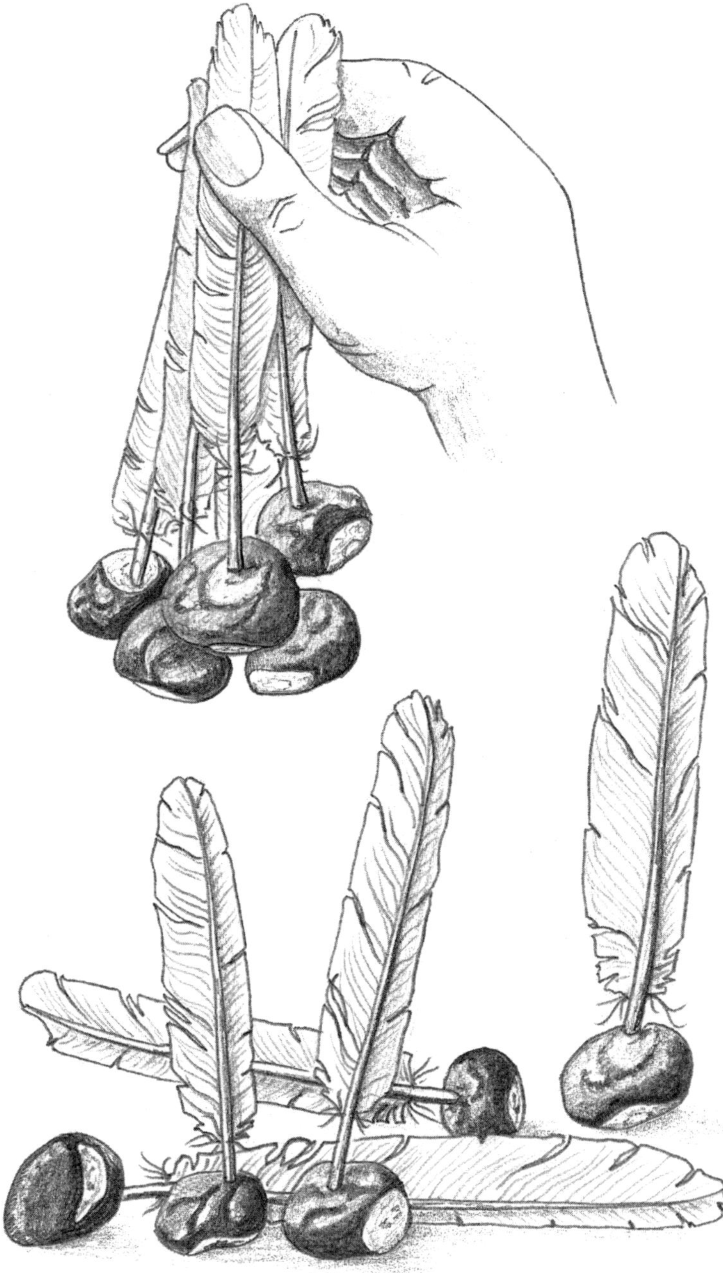

Le parachute

Matériaux. Des marrons d'Inde. Des poches en plastique fin (anciennement, on utilisait le mouchoir). Du fil fin.

Outils. Le couteau, poinçon, ciseaux.

Réalisation. Découper un carré d' environ 20 x 20 cm dans la poche en plastique. Nouer un fil à chaque coin du carré. Perforer le marron et passer dans le trou les quatres fils, puis les nouer autour du marron.

Utilisation. Enrouler les fils autour du marron, puis le parachute, en un paquet compact. Lancer en l'air. Le parachute s'ouvre et retombe au gré du vent.

Lo paracasuda

Material. *De marrons d'India. De pòchas de plastic fin (antan, se servián de mocadors). De fil fin.*

Esplechs. *Cotèl, ponchon, cisèls.*

Realisacion. *Talhar un cairat de 20 x 20 cm dins la pòcha de plastic. Nosar un fil a cada caire. Traucar lo marron e passar dins lo trauc les quatre fils. Los nosar, puèi, al torn del marron.*

Utilisacion. *Enrotlar los fils altorn del marron, puèi lo para casuda, en far un paquet compacte. Traire dins l'aire. Lo paracasuda se duèrb e tòrna tombar al bon grat del vent.*

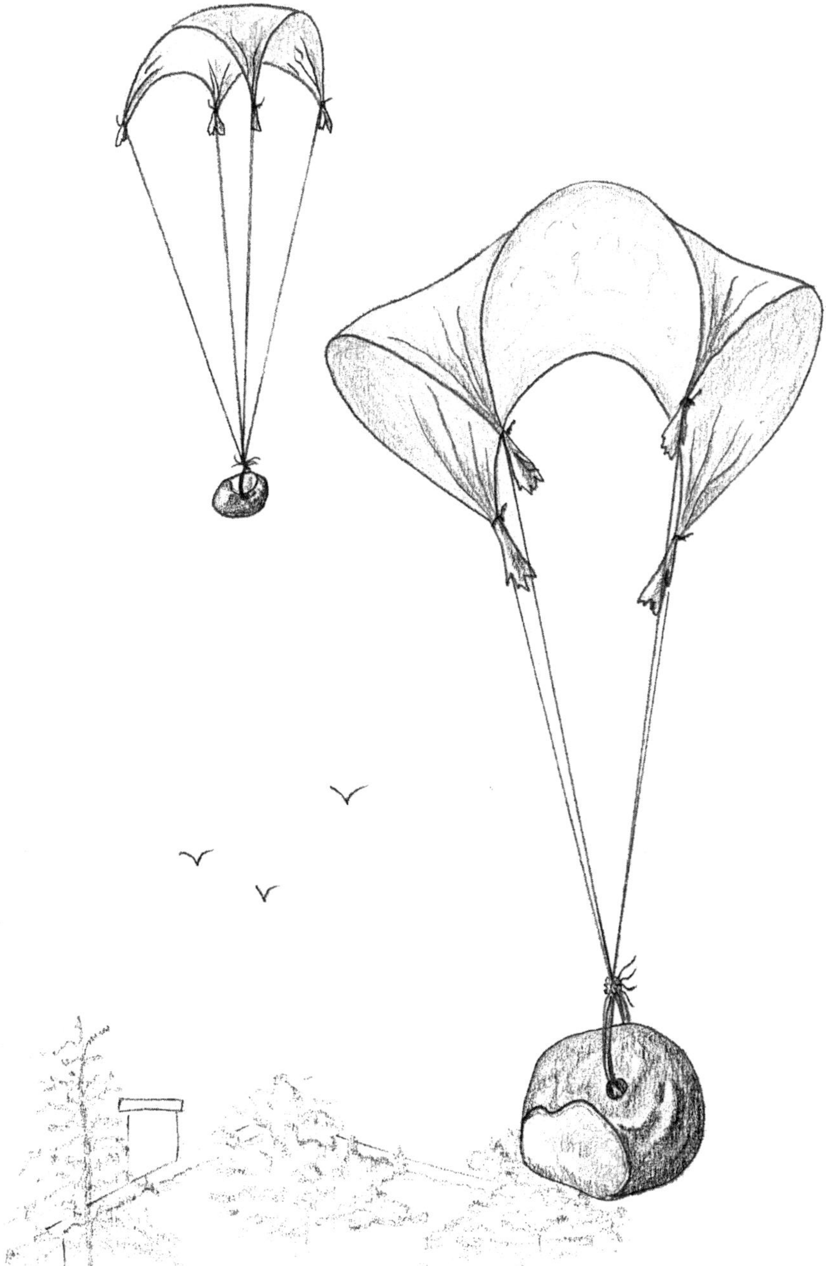

Les pincettes de bambou

Matériaux. Des tiges de roseau ou de bambou, de tailles différentes.

Outils. Le couteau.

Réalisation. Couper, à partir d'un noeud, un tube de 15 à 20 cm. Faire deux longues entailles afin de former les deux dents. Aplanir l'intérieur et égaliser soigneusement les deux pointes des pincettes.

Utilisation. Pour saisir de petits objets. On peut inventer des jeux d'adresse dans la manipulation.

Las gafètas de bambó

***Material**. De possas de canavèra o de bambó, de talhas diferentas.*

***Esplechs**. Lo cotèl.*

***Realisacion**. Copar, en partir d'un nosèl, un tudèl de 15 a 20 cm de long. Faire doás longas entalhas per tal de formar las doás dents. Aplanhierar lo dedins e egalisar las doás ponchas de las gafètas.*

***Utilisacion**. Per sasir de menudalhas, de causas pichonas. Se pòt inventar de jòcs sul biais de manejar l'esplech.*

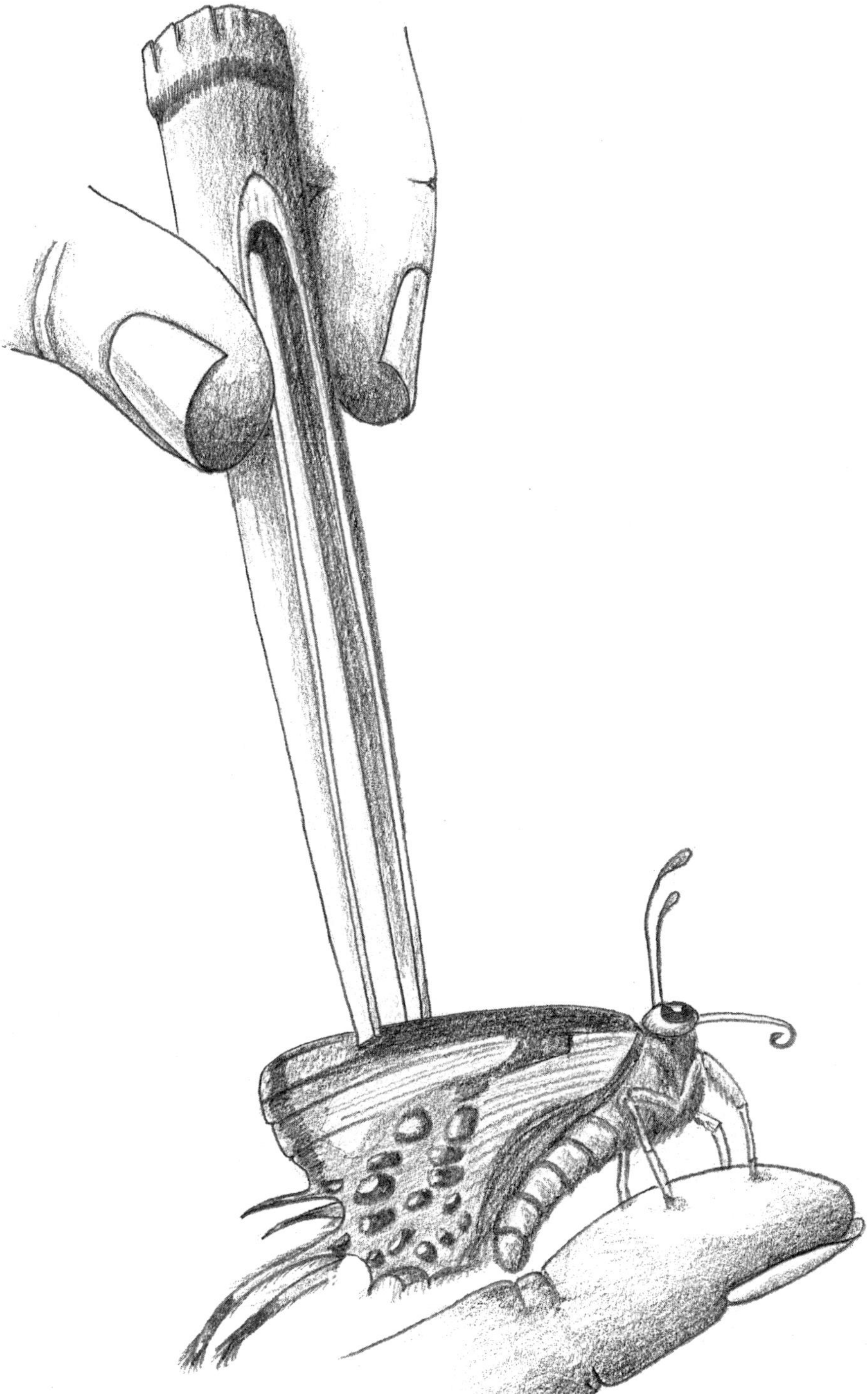

Le moulin de paille

Matériaux. Une paille mûre de folle avoine ou de seigle.

Outils. Le couteau

Réalisation. Couper un tube d' environ 10 cm de long, dans la portion la plus grosse de la paille. Fendre ce tube en quatre, sur la moitié de sa longueur. Attention ! Les pales du moulin doivent être pliées (cf. dessin) selon un angle, identique pour toutes, d'environ 60 ° , pour pouvoir prendre le vent. Faire le support comme indiqué, en bouclant la paille sur elle-même, la pointe fine servant d'axe au moulin.

Utilisation. Le moulin doit tourner au moindre souffle d'air, simplement lorsqu'on le tient en marchant.

Variante. On peut occulter le vide du carré par une feuille d'arbre (fendre le tube pour l'y insérer), et monter le bas de la tige sur un pivot : on obtient une girouette.

Lo molin de palha

Material. *Una palha madura de civada fòla o de segle.*

Esplechs. *Lo cotèl.*

Realisacion. *Copar un tudèl de 10 cm de long, pauc o pro, dins lo tròç lo mai gròs de la palha. Fendre en quatre aqueste tudèl , sus la meitat de sa longor. Mèfia! Las raisses del molin devon èstre plegadas (veire lo dessenh) segon un angle, identic per tots, de 60°, pauc o pro, per poder prendre lo vent. Faire lo supòrt coma indicat, en boclar la palha sus ela mèma, la poncha fina servant d'axe al molin.*

Utilisacion. *Lo molin deu virar al pus pichon buf d'aire, simplament quand òm lo ten en caminar.*

Varianta. *Se pòt escafar lo voide del cairat per una fuèlha d'arbre (fendre lo tudèl per l' i conhar), e montar lo debàs del brost sus un pivòt : òm obten una viroleta.*

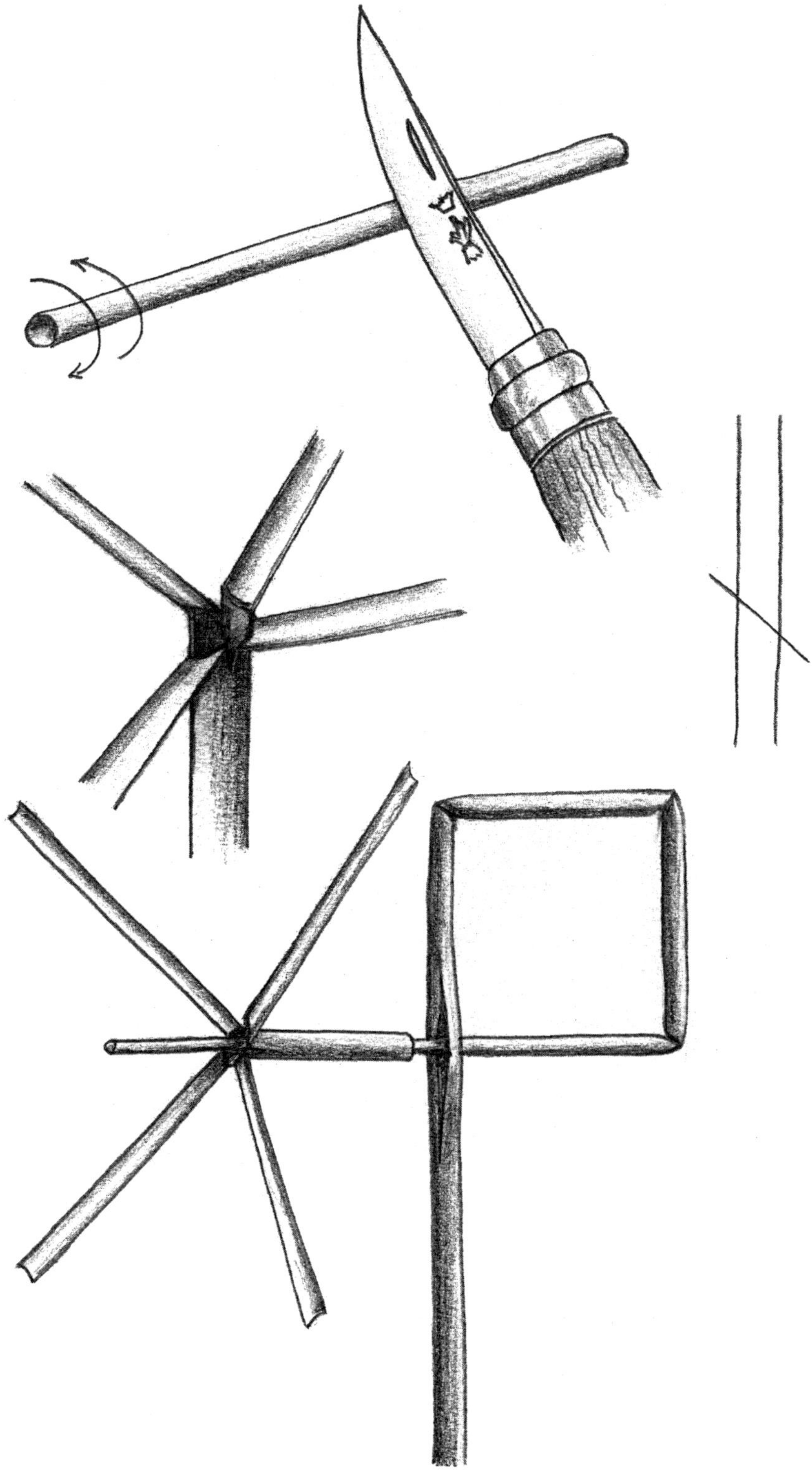

Le bracelet tressé

Matériaux. Une bande de cuir d'une vingtaine de cm de long et de 2 de large.

Outils. Couteau ou ciseaux. Poinçon ou emporte-pièce.

Réalisation. Perforer une extrémité et découper l'autre en pointe de flèche, selon le dessin. Avec la pointe du couteau, pratiquer deux entailles longitudinales. Tresser trois brins, puis passer l'extrémité pointue dans la boucle, et recommencer : un cycle complet comporte trois passages. En faire autant que le permet la longueur de la lanière.

Utilisation. Pour faire des bracelets, des ceintures, des bandeaux, etc.

Lo braçalet de trena

Material. *Una banda de cuèr d'una vintena de cm de long e de 2 de larg.*

Esplechs*. Cotèls o cisèls. Ponchons o empòrta peça.*

Realisacion*. Traucar un cap e talhar l'autre en poncha de vireta, en segre lo dessenh. Amb la poncha del cotèl, practicar doás entalhas dins la longor. Trenar tres brins, passar puèi lo cap ponchut dins la bocla, e tornar començar : un cicle complet compta tres passatges. Ne faire autretant coma la longor de la laniera ò permés.*

Utilisacion*. Per faire de braçalets, de cenchas, de bandèls e çò autre...*

Les boeufs aux labours

Matériaux. Des tronçons de gitolles de la grosseur d'un doigt, et d'autres, plus longs et plus fins. De la ficelle.

Outils. Le couteau.

Réalisation. Couper les tronçons qui seront les boeufs et figurer les têtes avec les cornes en pratiquant une fente en «V» dont les pointes seront effilées. Couper les branchettes qui formeront la herse, et faire les ligatures. Compléter le tableau en disposant une ou plusieurs barrières autour du champ.

Utilisation. Eléments pour une ferme.

Los buòus al laurar

Material. *De tròç de flaujas de la grossor d'un det, e maites, mai longs e mai fins. De ficèla.*

Esplechs. *Lo cotèl.*

Realisacion. *Talhar los tròç que seran los buòus e figurar los caps amb las banas en practicar una fenda en «V» que sas ponchas seran afiladas. Copar las brostèlas que formaran l'èrpia, e faire los ligams. Completar lo tablèu en dispausar una o maitas cledas altorn del camp.*

Utilisacion. *Elements per una bòria.*

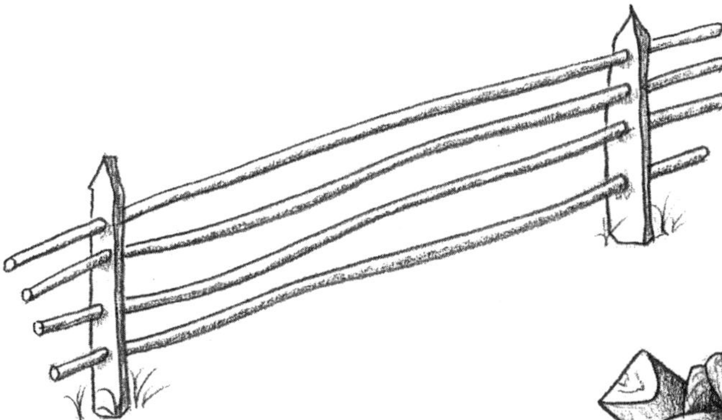

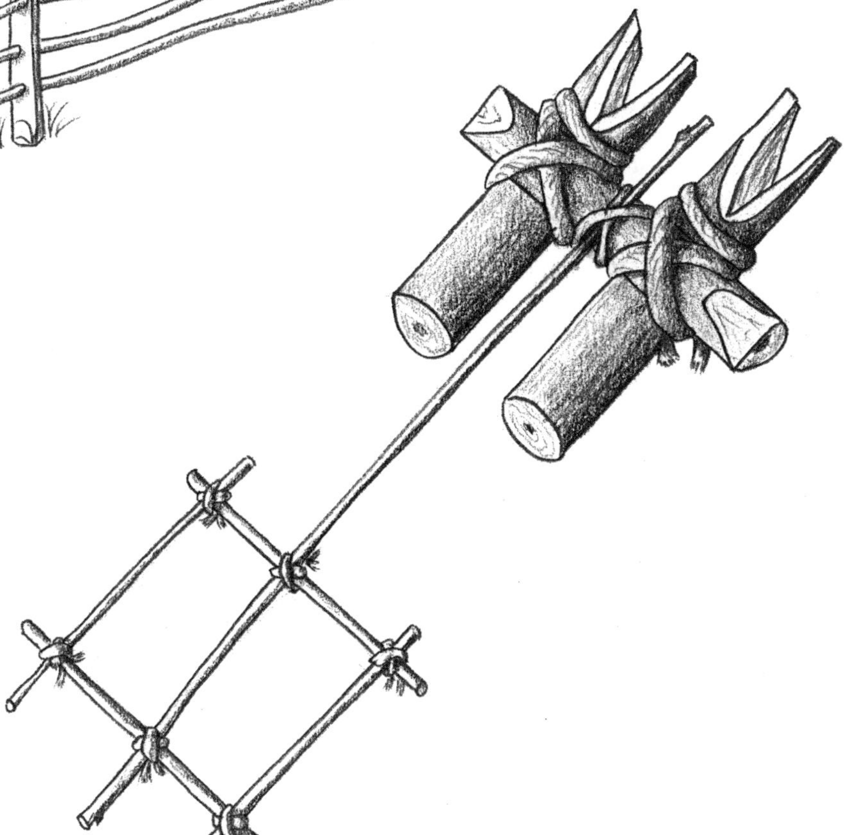

Le grelot en joncs

Matériaux. Des joncs assez longs (30 cm) ou du rotin. Des noisettes.

Outils. Le couteau.

Réalisation. Avec un jonc préalablement écrasé et lissé sur l'ongle, en ligaturer cinq autres, à leur base. Tresser de façon à conserver toujours un carré qui tourne grâce à un cinquième brin constitué par chacun des joncs, alternativement. Un brin doit toujours en chevaucher deux autres. Pour ouvrir le volume du grelot, tresser selon le schéma «1», et pour fermer, selon le «2». Placer la ou les noisettes dans le grelot, puis fermer le haut par un retour des brins sur eux-mêmes, par en-dessous.

Utilisation. Hochet pour enfants ou objet décoratif.

L'esquilon

Material. *De joncs pro longs (30cm)o de rotin. D'avelanas.*

Esplechs. *Lo cotèl.*

Realisacion. *Amb un jonc espotit d'en primièr e lisat sus l'àrpia, ne ligar cinc autres, a lor fondament. Trensar de tal biais que se conserva totjorn un cairat que vira gràcia a un cinquen brin fach per cadun dels joncs, un còp l'un, un còp l'autre. Un brim deu totjorn ne cavalar dos autres. Per durbir lo volume de l'esquilon, trenar en segre l'esquèma «1», e per barrar, en segre lo «2». Plaçar la o las avelanas dins l'esquilon, barrar puèi lo denalt per un retorn dels brins sus eles mèmes, de per dejós.*

Utilisacion. *Joguet per enfants o objecte decoratiu.*

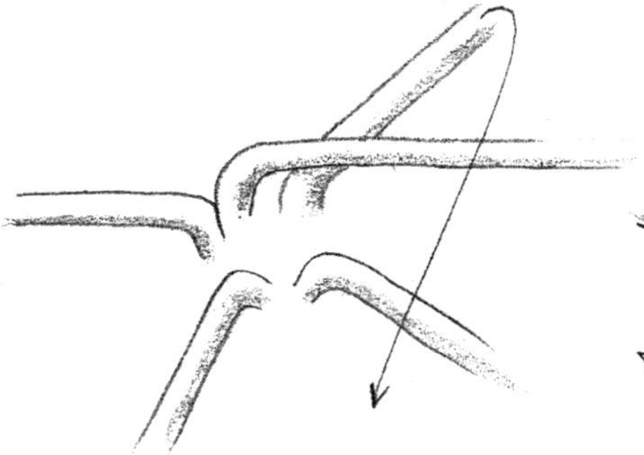

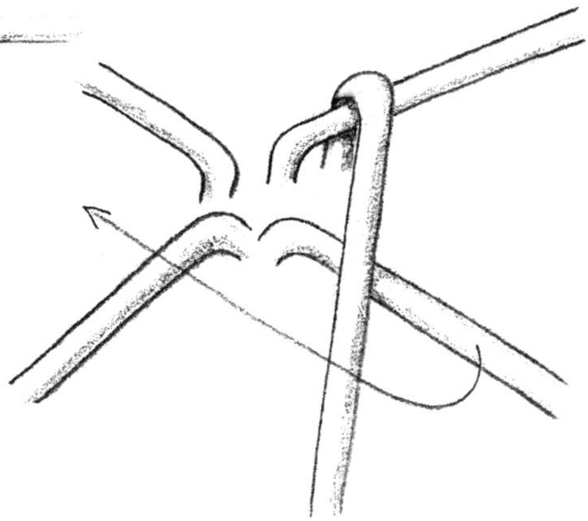

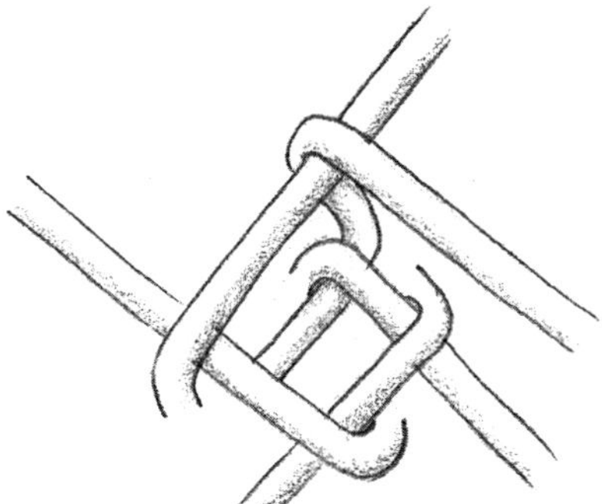

1

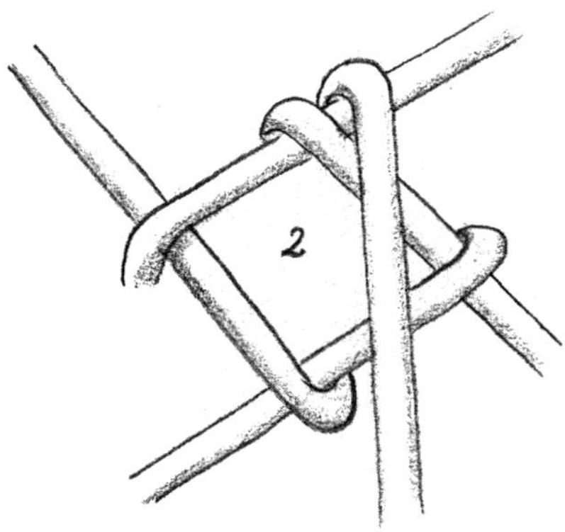

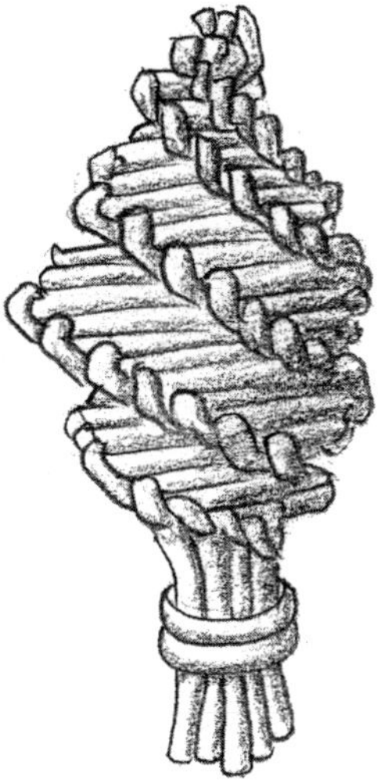

L' idu-iban *

Matériaux. Des morceaux d'écorce fine et souple ou de cuir.

Outils. Le couteau.

Réalisation. Découper deux bandes dans l'écorce ou le cuir, et y pratiquer deux fentes avec la pointe du couteau. Il faut maintenant les tresser ; pour cela, les poser l'une sur l'autre, et tirer à travers les fentes de celle du dessus les lanières de celle du dessous. Ménager entre les deux bandes tressées un large espace par où l'on fera passer l'une des extremités de l' ensemble (cf. flèche). Il suffit maintenant de bien ajuster les différentes lanières, et l'on obtient l'idu-iban. Pour le démonter, faire le chemin inverse.

* Nom donné au Nigéria.

*L'idú-ibam**

Material. *De tròç de rusca fina e sopla o de cuèr.*

Esplechs. *Lo cotèl.*

Realisacion. *Copar doás bendas dins la rusca o lo cuèr, e i practicar doás fendas amb la poncha del cotèl. Cal, ara, las trenar; per aquò far, las pausar l'una sus l'autra, e tirar a travèrs las fendas d'aquela del dessús las lanieras d'aquela del dejós. Mainajar entre las doás bendas trenadas un espaci larg ont se farà passar un dels caps de l'ensemble (cf sageta). Basta, ara, de plan ajustar las diferentas lanieras, e òm obten l'idú-ibam. Per lo demontar, faire lo camin contrari.*

* *Nom donat al Nigerià.*

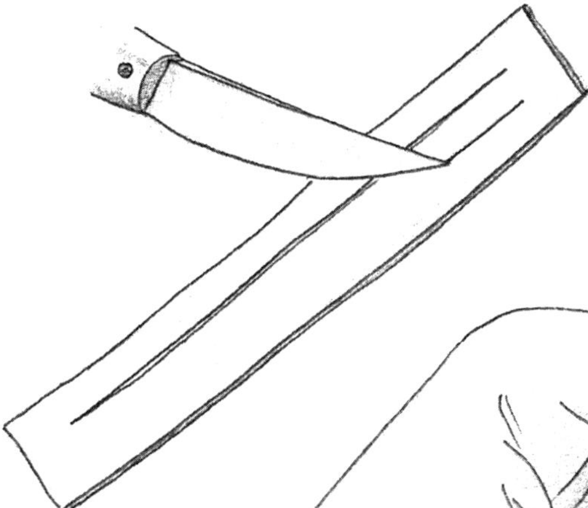

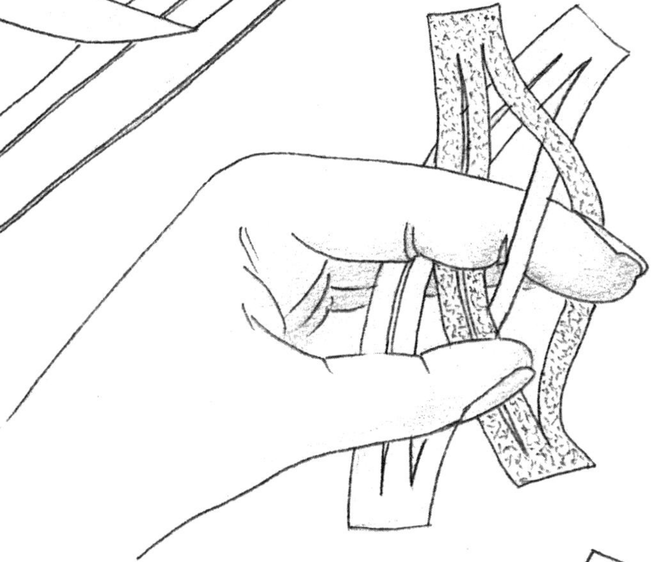

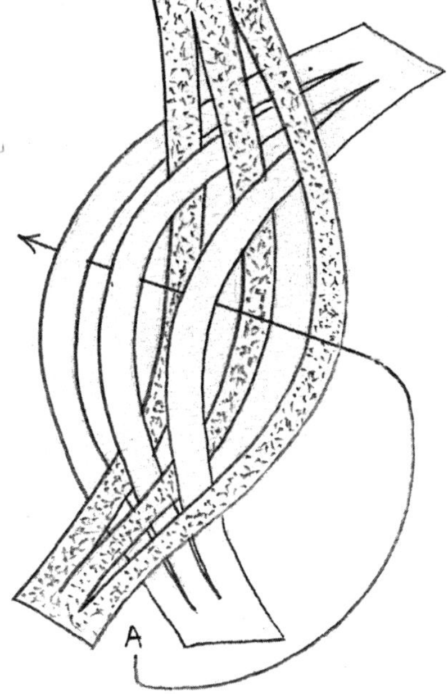
A

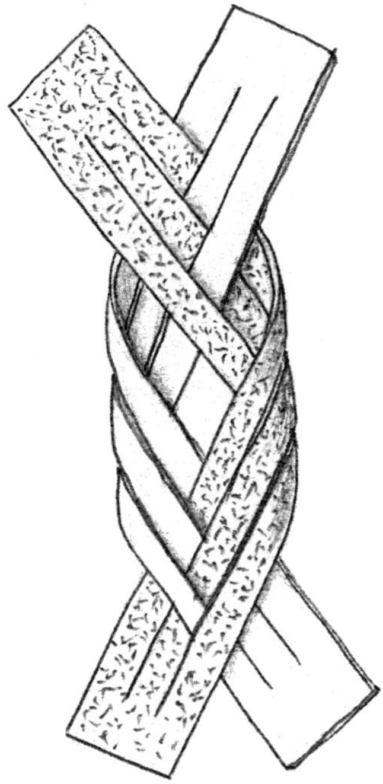

La balance à fléau

Matériaux. Une grosse noix. Une baguette fine d'environ 20 à 30 cm. De la ficelle fine ou du fil. De la cire à cacheter ou une bougie.

Outils. Le couteau. Poinçon à faire rougir au feu.

Réalisation. Fendre la noix, la vider, nettoyer les coquilles que l'on percera chacune de trois trous. Pratiquer trois trous sur la baguette, celui du milieu étant exactement centré par rapport aux deux autres. Attacher les ficelles. Equilibrer avec des gouttes de cire ou de bougie.

Utilisation. Jeux de pesée. Méthode de la «double pesée».

1. Mettre le corps à peser dans l'un des plateaux.
2. Faire l'équilibre avec du sable.
3. Enlever le corps à peser et faire l'équilibre avec des poids marqués.

La romana

Material. *Una gròssa nose. Una bagueta fina de 20 a 30 cm, pauc o pro. De ficèla fina o de fil. De cera de cachetar o una candela de cera.*

Esplechs. *Lo cotèl. Ponchon de faire rogir al fuòc.*

Realisacion. *Fendre la nose, la voidar, curar los clòscs que l'òm traucarà cadun de tres traucs. Practicar tres traucs sus la bagueta, aquel del mièg estant exactament centrat rapòrt als autres dos. Estacar las doás ficèlas. Equilibrar amb de gotas de cera o de candela.*

Utilisacion. *Jòcs de pesada. Metòde de la «dobla pesada».*

1. *Botar lo còs de pesar dins un dels dos platèus.*
2. *Faire l'equilibri amb de sable.*
3. *Levar lo còs de pesar e faire l'equilibri amb de pes marcats.*

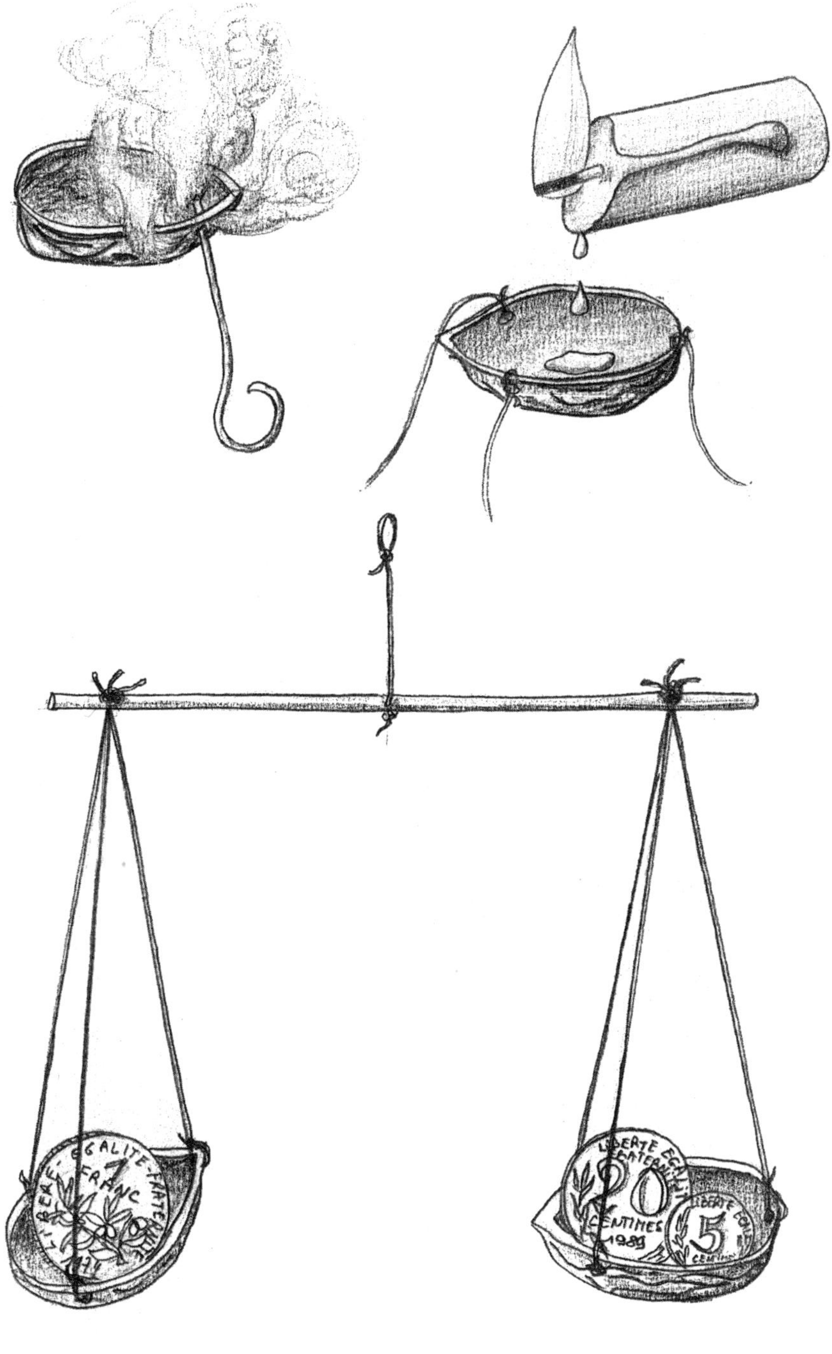
FRANC
20
CENTIMES
1989
5

Le tricotin

Matériaux. Une bobine en bois. On peut aussi utiliser un tronçon de branche perforé (diamètre du trou : 7 à 8 mm). Quatre petites pointes (15 mm) tête coupée. Laine.

Outils. Pinces, poinçon.

Utilisation. Passer l'extrémité libre de la laine dans le trou de la bobine. Pour démarrer, voir dessin 1. A partir de là, à l'aide du poinçon, passer la maille déjà en place sur la pointe, par-dessus le fil qui arrive. Tirer périodiquement sur le fil du bas pour faire sortir la cordelière et tasser les mailles entre les pointes. Pour terminer, tricoter les mailles deux par deux.

Lo tricotaire

Material. *Una bobina de bòsc. Se pòt utilisar tanben un tròç de brost traucat (diamètre del trauc : 7 a 8 mm). Quatre pichonas ponchas (15mm) testa copada. Lana.*

Esplechs. *Pinças, ponchon .*

Utilisacion. *Passar lo cap libre de la lana dins lo trauc de la bobina. Per demarrar veire dessenh 1. En partir d'aquí, en s'ajudar del ponchon, passar la malha ja en plaça sus la poncha, per dessús lo fil qu'arriba. Tirar de còp en còp sul fil de debàs per faire sortir la cordelièra e pinhar las malhas entre las ponchas. Per acabar, tricotar las malhas doás per doás.*

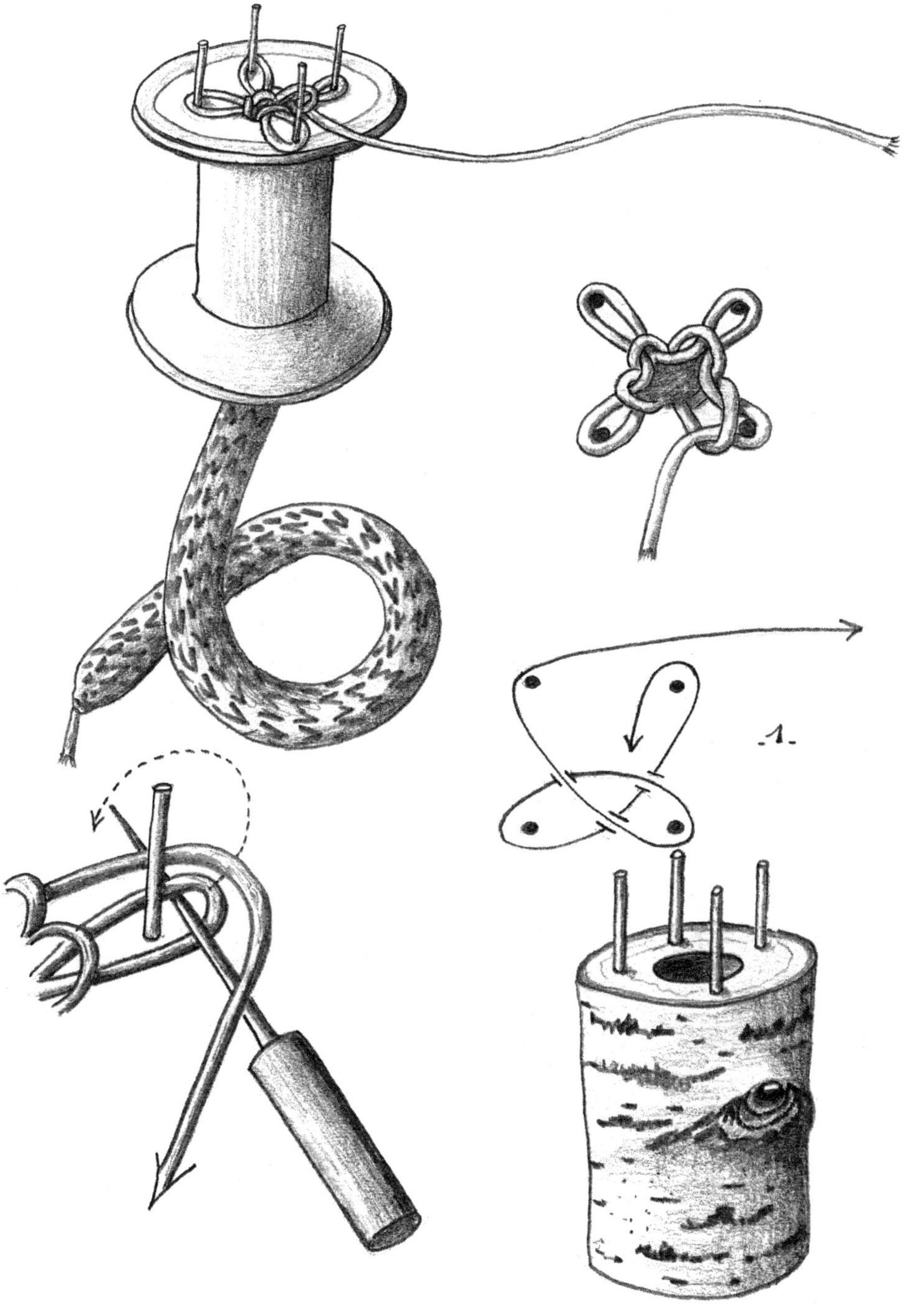
-1-

La poupée russe

Matériaux. Une dizaine de paille bien sèches. Du fil à coudre. De la ficelle de sisal. Des échantillons de toile de couleurs vives et contrastées.

Outils. Des ciseaux.

Réalisation. Couper à la même longueur les dix pailles. Les lier à une extrémité et au milieu avec le fil. Passer entre les pailles une ficelle dont les bouts seront fixés sous la ligature du milieu. Par une ligature tressé, séparer les pailles au-dessous de la taille de la poupée. Découper des rubans dans le tissu, et faire le turban et la ceinture d'une couleur, et le corsage et la jupe d'une autre (s'inspirer des costumes régionaux russes).

Utilisation. Poupée décorative.

La monaca russa

Material. *Una detzena de palhas plan secas. De fil de cóser. De ficèla de sisal. De tròç de tela de colors vivas e contrastadas.*

Esplechs. *De cisèls.*

Realisacion. *Copar las palhas a la mema pagèla. Las ligar a un cap e al mièg amb lo fil. Passar entre las palhas una ficèla que sos caps seran fixats jol ligam del mièg. Amb un ligam trenat, separar las palhas al dejós de la talha de la monaca. Talhar los ribans dins la tela, e faire lo turbant e la cencha d'una color, e lo casabèç e lo cotilhon d'una autra (s'inspirar dels vestits regionals russes).*

Utilisacion. *Monaca decorativa.*

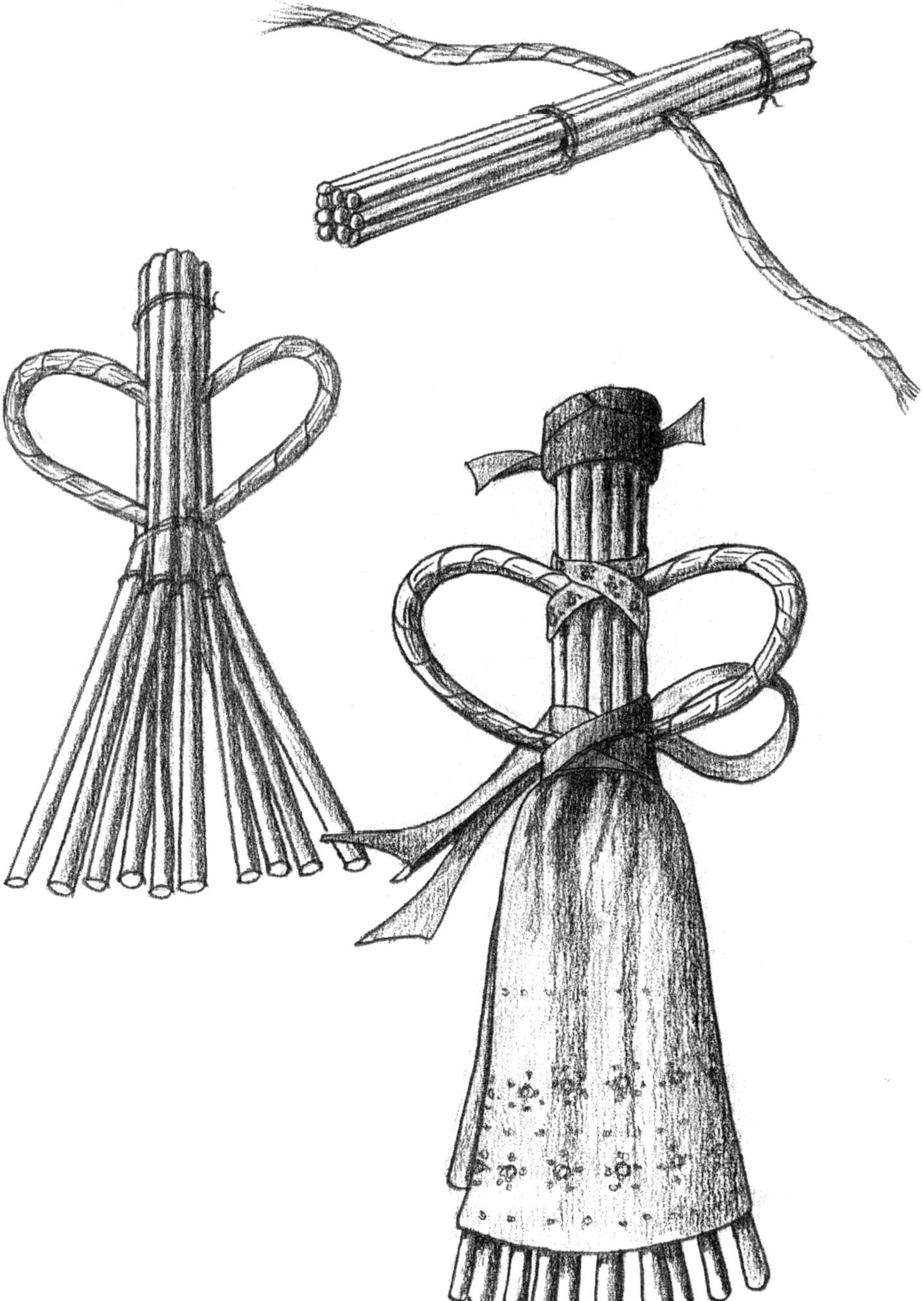

La barque à moteur

Matériaux. Une planchette (cagette de fruits). Un élastique souple.

Outils. Le couteau, ou une scie.

Réalisation. Découper dans la planchette un créneau assez profond. Découper les pales du moteur, plus longues et plus étroites que le créneau; pratiquer, au centre de chacune d'elles, une encoche sur la demi-largeur, et les encastrer l'une dans l'autre. Fixer l'élastique.

Utilisation. Torsader l'élastique et poser la barque sur l'eau.

La barca de motor

Material. *Una postarèla (gabiòta de fruchas). Una elastica sopla.*

Esplechs. *Lo cotèl, o una ressa.*

Realisacion. *Talhar dins la postarèla una òsca pro prigonda. Talhar las raisses del motor, mai longas e mai estrechas que lo dentelh; practicar, al centre de caduna d'èla, una òsca sus la mièg-longor, e las conhar l'una dins l'autra. Fixar l'elastica.*

Utilisacion. *Torcejar l'elastica e pausar la barca sus l'aiga.*

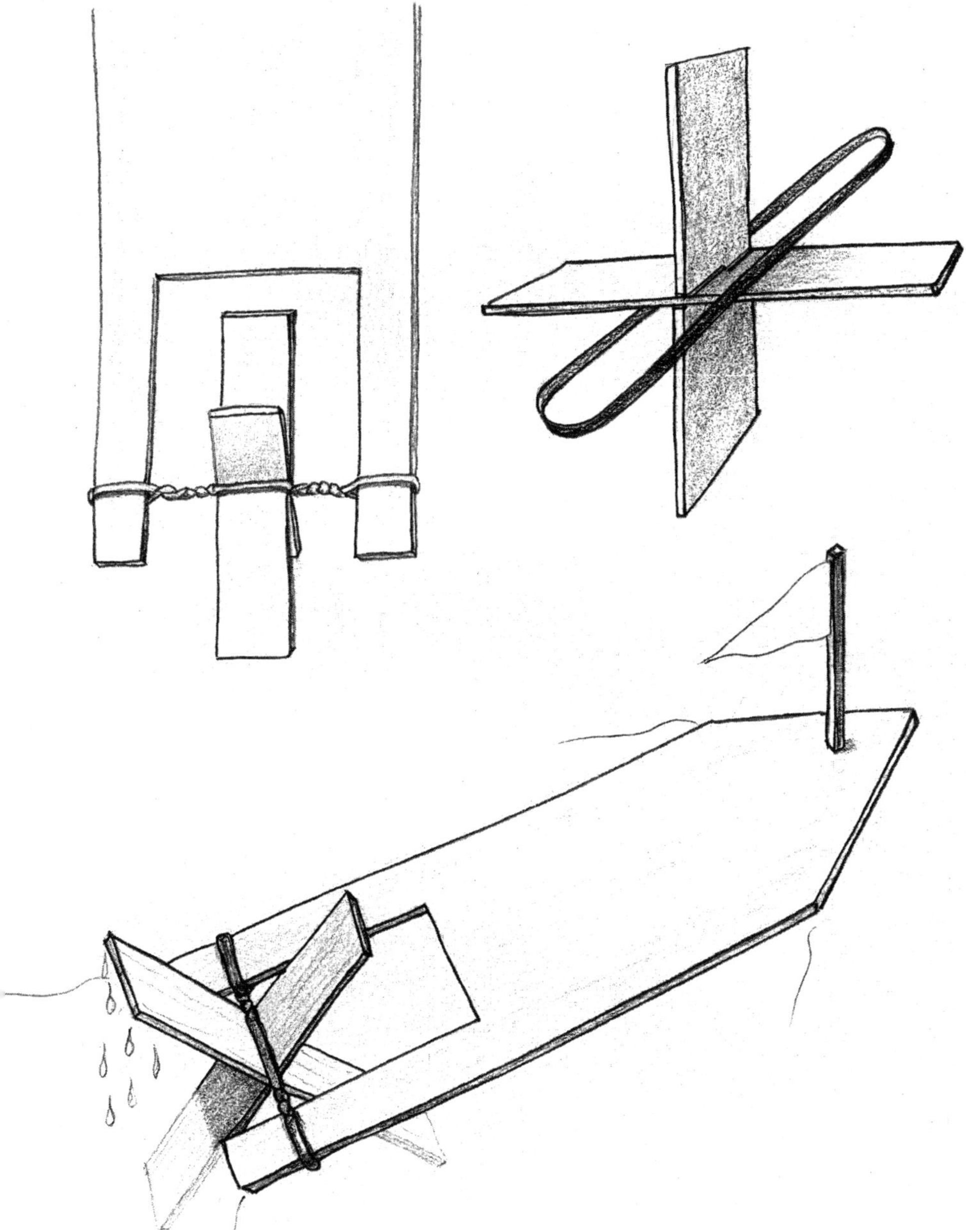

Fais-le avec un bouchon

Matériaux. Des bouchons en bon état. Des baguettes de bambou ou autre bois dur.
Des plumes de tailles diverses. Du fil, et du fil de fer fin. De la colle.

Outils. Le couteau. Poinçon à faire rougir au feu.

Réalisation. Couper les rondelles de bouchon, et faire les avant-trous avec la pointe du couteau ou le poinçon rougi au feu. Le **pantin** doit être en équilibre. Pour cela, faire un contre-poids avec un tronçon de gitolle. On peut lui fixer le contre-poids dans le dos pour mieux le cacher, et le regarder de l'autre côté de la table.

Fai z-o amb un tap

Material*. De taps en bon estat. De baguetas de bambó o autre bòsc dur. De plumas de talhas diversas. De fil, e de fil de fèrre fin. De pega.*

Esplechs*. Lo cotèl. Ponchon de faire rogir al fuòc.*

Realisacion*. Trencar las rondèlas de tap, e faire los avant-traucs amb la poncha del cotèl o lo ponchon rogit al fuòc. La* ***marioneta*** *deu èstre en equilibri. Per aquò, faire un contrapés amb un tròç de giscla. Om pòt li fixar lo contrapés dins l'esquina per mièlhs l' escondre, e l'agachar de l'autre costat de la taula.*

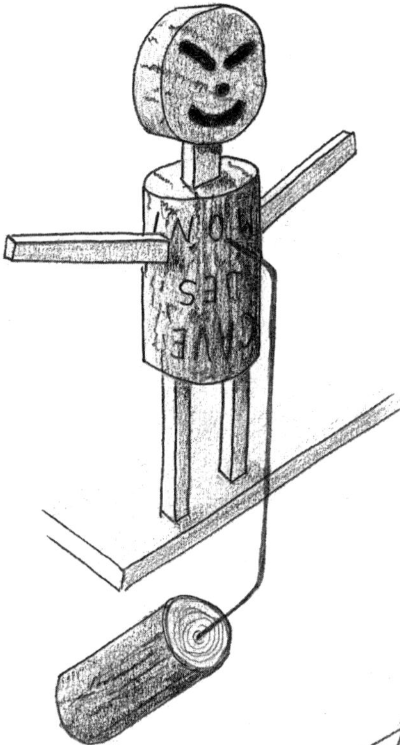

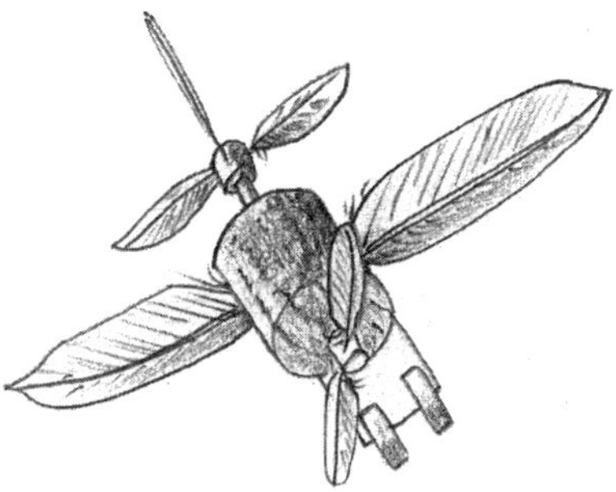

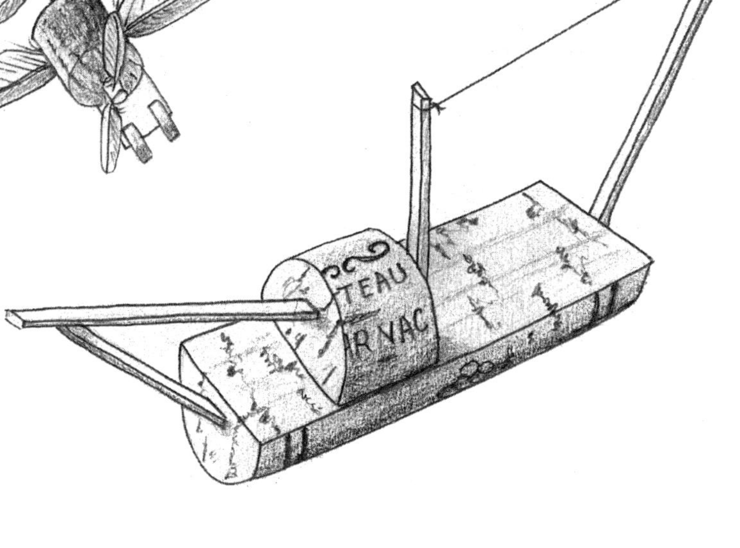
TEAU
IR NAC

Le poussoir *

Matériaux. Une longue gitolle fourchue (noisetier, etc). Une bûche d'environ 10 cm de diamètre.

Outils. Scie, couteau, poinçon.

Réalisation. Scier deux roues dans la bûche. Fixer l'essieu (tronçon de gitolle). Au tiers de la longueur de la gitolle, fixer une baguette transversale.

Utilisation. Poser l'extrémité de la perche sur une épaule, et maintenir le chariot dans la fourche. On court et l'on conduit le chariot avec le guidon tenu à deux mains.

*Jouet africain.

*Lo rotlaire**

***Material**. Una longa giscla forcuda (avelanièr, e çò autre). Un estelon de 10 cm, pauc o pro, de diamètre.*

***Esplechs**. Ressa, cotèl, ponchon.*

***Realisacion**. Ressar doás ròdas dins l'estelon. Fixar l'ais (tròç de giscla). Al tèrç de la longor de la giscla, fixar una baguèta transversala.*

***Utilisacion**. Pausar lo cap de la perga sus una espatla, e manténer lo carreton dins la forca. En corre se mena lo carreton amb lo menalh tengut de doás mans.*

*joguina africana

Les longues mains

Matériaux. Deux scions de bambou très fins, d'environ 80 cm à 1 m de long. Un morceau de bambou (ou de roseau) plus gros (1,5 à 2 cm de diamètre). Des pois chiches, petits pois ou lentilles.

Outils. Le couteau, poinçon.

Réalisation. Couper chaque tronçon de bambou de part et d'autre et tout près d'un noeud. Evaser l'un des côtés du tronçon. Percer le tronçon et y fixer l'extrémité fine du scion.

Utilisation. Déposer un pois chiche dans l'un des godets. Tenir les tiges à bout de bras et faire passer le pois de l'un des godets à l'autre, dans les deux sens.

Las longas mans

Material. *Doás flaujas de bambó plan finas, de 80 cm a 1 m de long, pauc o pro. Un tròç de bambó (o de canavera) mai gròs (1,5 a 2 cm de diamètre). De ceses, pichons peses o lentilhas.*

Esplechs. *Lo cotèl, ponchon.*

Realisacion. *Copar cada tròç de bambó de cada pam e al ras d'un nosèl. Alargar l'un dels costats del tròç. Traucar lo tròç e i fixar lo cap fin de la possa.*

Utilisacion. *Despausar un cese dins un dels gòts. Téner las possas a braç tendut e faire passar lo cese de l'un dels gòts a l'autre, dins los dos sens.*

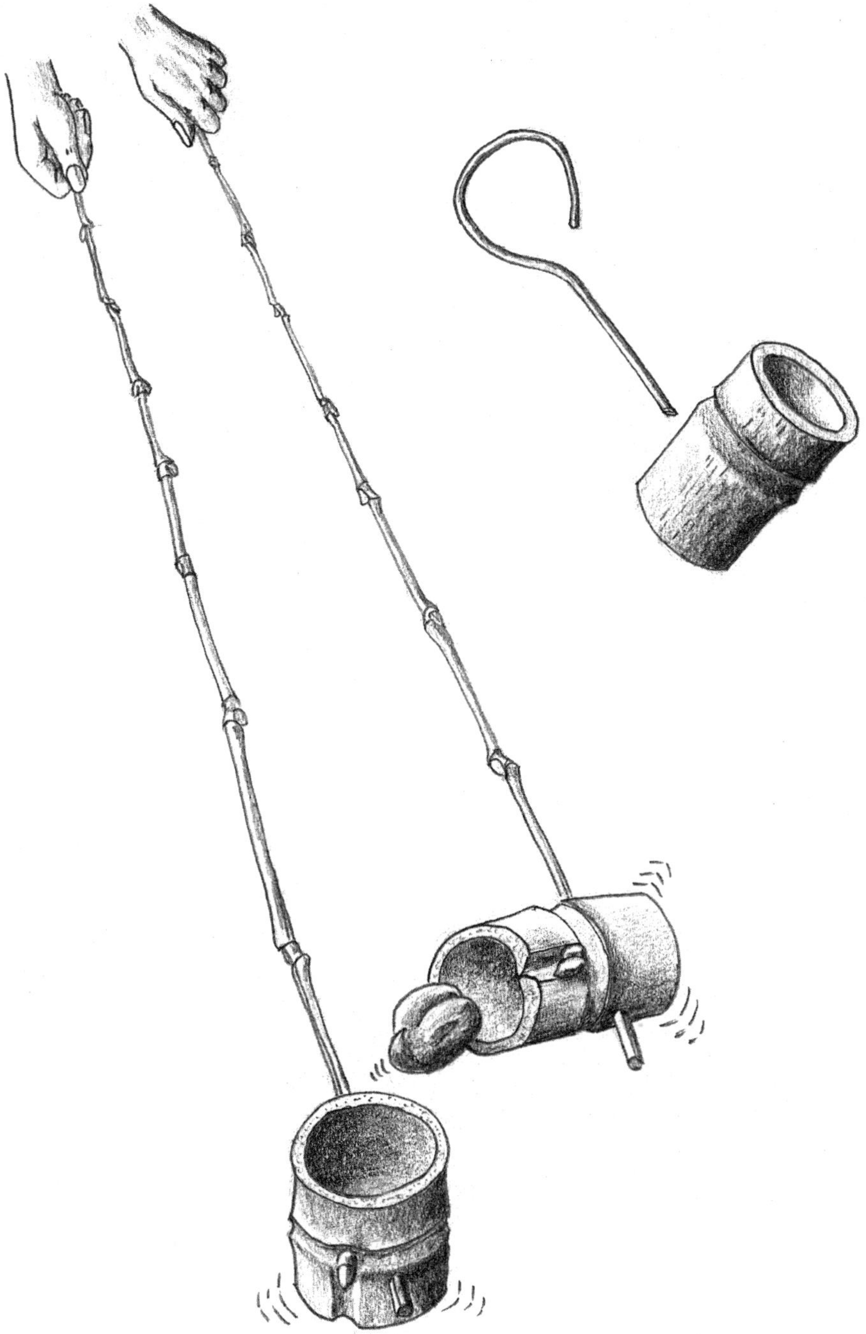

La marotte

Matériaux. Une noix. De la planchette de bois (contre-plaqué de cagette d'oranges). Une gitolle fine. Un échantillon de tissu. Des laines de couleurs. Du fil à coudre. De la colle. Des petits grelots.

Outils. Le couteau. Des ciseaux. Des poinçons. Une aiguille à coudre.

Réalisation. Vider et recoller la noix. Dessiner le visage au fer rouge. Perforer d'un gros trou la partie pointue de la noix. Fixer la gitolle dans ce trou. Pour fabriquer la chevelure, faire une tresse dans laquelle on introduit au fur et à mesure des faisceaux de laine. Coller la chevelure, et prolonger la tresse. Pour fixer le vêtement, le froncer d'abord comme un rideau avec le fil et l'aiguille. Les bras sont faits d'un morceau de tissu enroulé et ligaturé autour d'une main faite d'un morceau de planchette perforée. Lier les bras autour du cou avec un fil, et terminer par une laine nouée. On peut fixer les grelots aux mains et à la natte (cf. modèle ancien de marotte).

Utilisation. Faire tourner la marotte à droite et à gauche en tenant le pivot entre les deux mains.

La mariòta

Material. *Una nose. De postarèla de bòsc (contraplacat de gabiòta d'iranges). Una giscla fina. Un tròç de petaç. De lanas de color. De fil de cóser. De pega. De pichons esquilons.*

Esplechs. *Lo cotèl. De ponchons. Una agulha de cóser.*

Realisacion. *Voidar e tornar pegar la nose. Dessenhar la cara al fèrre roge. Traucar gròs la part ponchuda de la nose. Fixar la giscla dins aquel trauc. Per fabricar los pèls, faire una trena que i se margarà, a flor e a mesura, de faissèls de lana. Pegar los pèls, e perlongar la trena. Per fixar los vestits, los fronsar, primièr, coma un ridèl amb lo fil e l'agulha. Los braç son fach d'un tròç de petaç enrotlat e ligat altorn d'una man facha d'un tròç de postarèla traucada. Ligar los braç altorn del còl amb un fil, e acabar per una lana noselada. Se pòt fixar los esquilons a las mans e a la trena (cf model ancian de mariòta).*

Utilisacion. *Faire virar de drecha e de gaucha en téner lo pivòt entre las doás mans.*

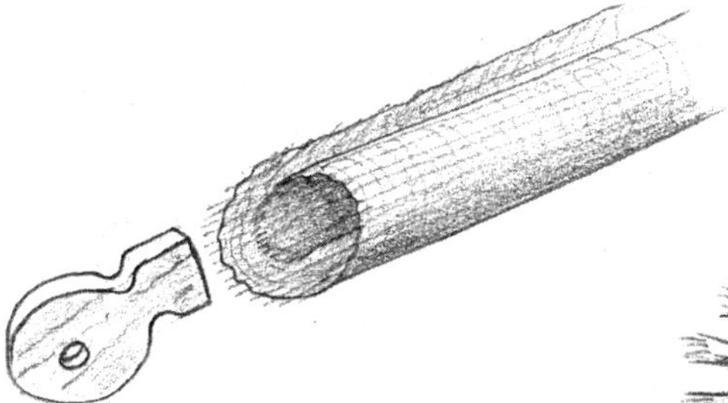

Le cinéma

Matériaux. De la planchette de cagette de fruits. Gros fil de fer. Ficelle fine et souple.

Outils. Le couteau, poinçon, tenailles, poinçon à pyrograver (ou marqueur feutre).

Réalisation. Découper une planchette d'environ 10 x 10 cm. La perforer. Fabriquer les anneaux : enrouler le fil de fer autour d'un cylindre, puis couper avec les tenailles. Fixer ces anneaux qui serviront à augmenter la force d'inertie. Dessiner l'oiseau d'un côté de la planchette, et de l'autre, la cage renversée. Fixer la ficelle de chaque côté de la planchette.

Utilisation. Faire tourner l'ensemble autour de la ficelle, à deux mains, l'effet d'optique fait entrer l'oiseau dans la cage.

Lo cinemà

Material. *De postarèla de gabiòta de fruchas. Gròs fil de fèrre. Ficèla fina e sopla.*

Esplechs. *Lo cotèl, ponchon, estanalhas, ponchon de pirogravadura (o marcaire de futre).*

Realisacion. *Talhar una postarèla de 10 x 10 cm, pauc o pro. La traucar. Fargar los annèls : enrotlar lo fil de fèrre altorn d'un cilindre, copar puèi amb las estanalhas. Fixar aqueles annèls que serviran per aumentar la fòrça d'inercia. Dessenhar l'aucèl d'un pam de la postarèla, e de l'autre, la gàbia capvirada. Fixar la ficèla de cada pam de la postarèla.*

Utilisacion. *Faire virar l'ensemble altorn de la ficèla, de doás mans : l'efièch d'optica fa dintrar l'aucèl dins la gàbia.*

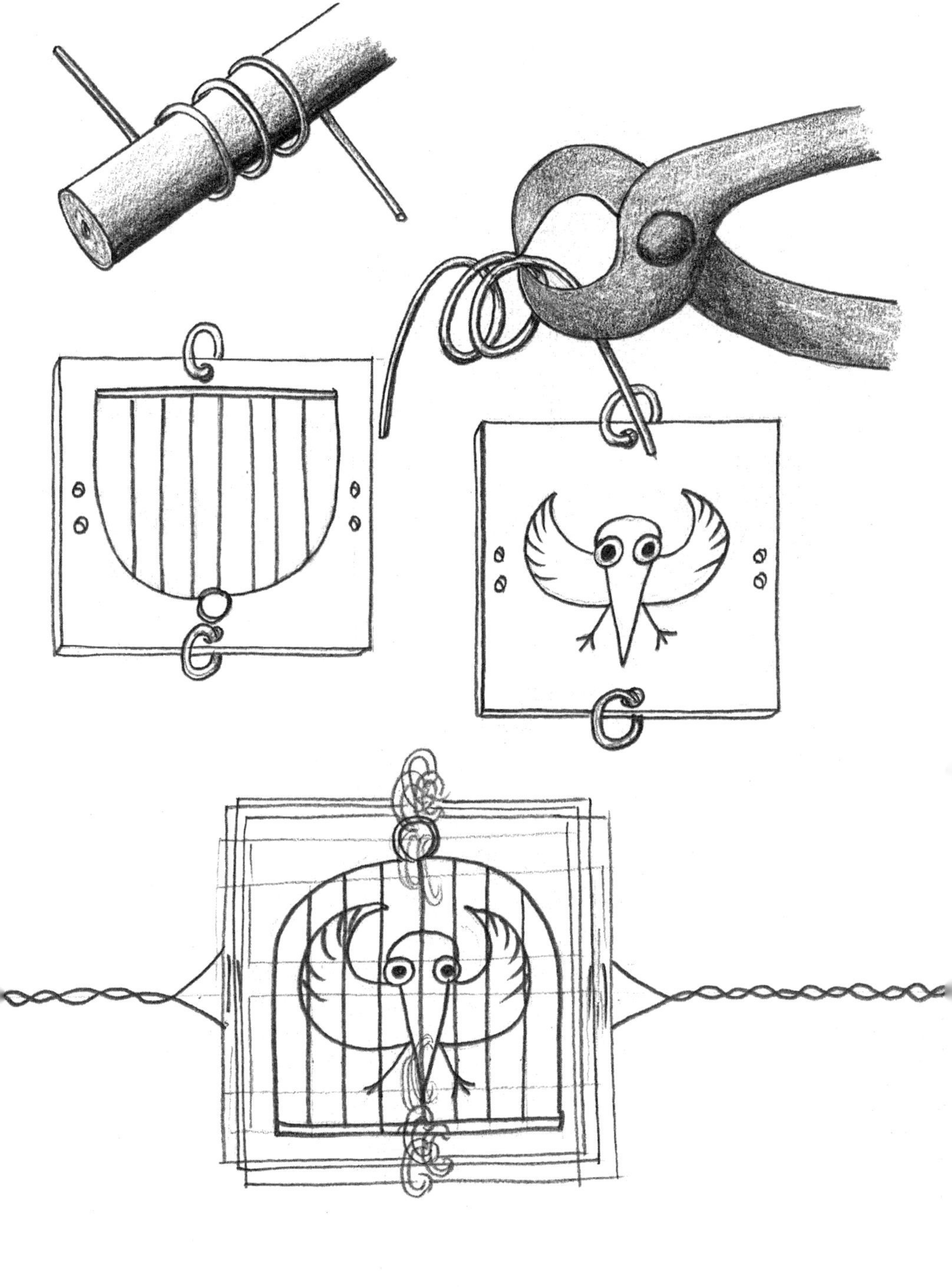

La noix-souris

Matériaux. Des noix pointues si possible. De la planchette de boîte de camembert. De la chambre à air de voiture. Des épis d'orge sauvage.

Outils. Le couteau, des ciseaux, une scie à métaux, un fer à rougir au feu en forme d'ovale, à fabriquer soi-même(Cf. dessin), deux poinçons à faire rougir au feu (l'un en fil de fer à tendre le linge, l'autre en fil de fer à fagots).

Réalisation. Prendre une demi-noix et faire, à la scie, les deux fentes où seront fixées les oreilles. Découper les oreilles à l'emporte-pièce, au fer rougi au feu (ce qui a l'avantage de les border de noir). Percer les trous pour les yeux et pour la queue avec le gros poinçon rougi au feu. Percer les trous pour la moustache avec le poinçon fin rougi au feu. Découper un long triangle dans la chambre à air. Fixer les oreilles, la queue et les moustaches (un épillet d'orge de chaque côté).

Utilisation. Décoration ou animation.

La ratòla de nose

Material. *De noses ponchudas se possible. De postarèla de bóstia de camembèrt. De cambra d'aire de veitura. D'espigals d'òrdi salvatge.*

Esplechs. *Lo cotèl, de cisèls, una ressa de metal, un fèrre de rogir al fuòc en forma d'oval, de fargar se-mème (cf dessenh), dos ponchons de faire rogir al fuòc (l'un de fil de fèrre d'escartar la bugada, l'autre de fil de fèrre de gavèls).*

Realisacion. *Prendre una meitat de nose e faire, amb la ressa, las doás fendas que i seran ficadas las aurelhas. Talhar las aurelhas amb l'empòrta-peça, al fèrre rogit al fuòc (aquò a l'avantatge de las bordelar de negre). Far los traucs pels uèlhs e per la coá amb lo gròs ponchon rogit al fuòc. Far los traucs per la mostacha amb lo ponchon fin rogit al fuòc. Talhar un long triangle dins la cambra d'aire. Fixar las aurelhas, la coá e las mostachas, (un espigal d'òrdi de cada pam).*

Utilisacion. *Decoracion o animacion.*

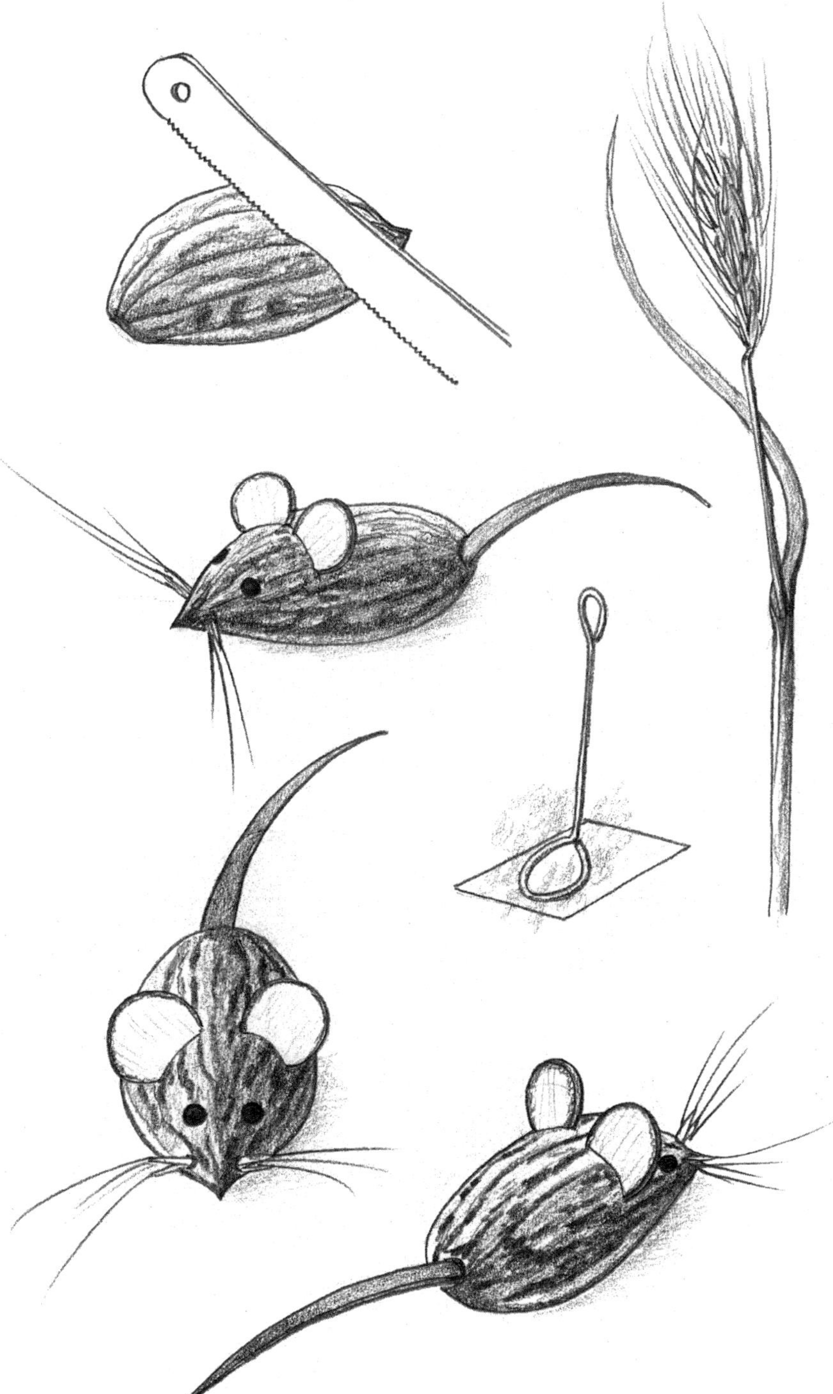

La chouette

Matériaux. Une grosse noix. Une petite pomme de pin. De la planchette de bois d'une boîte de camembert. De la colle à bois.

Outils. Le couteau, poinçons à faire rougir au feu, fers spécialement façonnés.

Réalisation. Dans la planchette, découper au fer rouge les deux yeux, l'un dans un sens, l'autre à l'inverse. Marquer le centre d'un cercle. Les coller à la noix. Perforer la coquille et fixer les pattes qui seront faites avec des écailles de la pomme de pin, ainsi que le bec. Lorsque la colle est sèche, faire pour les yeux des trous qui doivent transpercer la planchette et la coquille.

Utilisation. Animal décoratif.

La cavèca

***Material**. Una gròssa nose. Una pichona pinha. De postarèla de bòsc d'una bóstia de camembèrt. De pega pel bòsc.*

***Esplechs**. Lo cotèl, ponchons de faire rogir al fuòc, fèrres especialament fargats.*

***Realisacion**. Dins la postarèla, talhar al fèrre roge los dos uèlhs, l'un dins un sens, l'autre a l'arrevèrs. Marcar lo centre d'un cèucle. Los pegar a la nose. Traucar la clòsca e fixar las patas que seran fachas amb d'escamas de pinhas, atal del bec. Quand la pega es seca, faire pels uèlhs de traucs que devon traucar la postarèla e la clòsca.*

***Utilisacion**. Bèstia decorativa.*

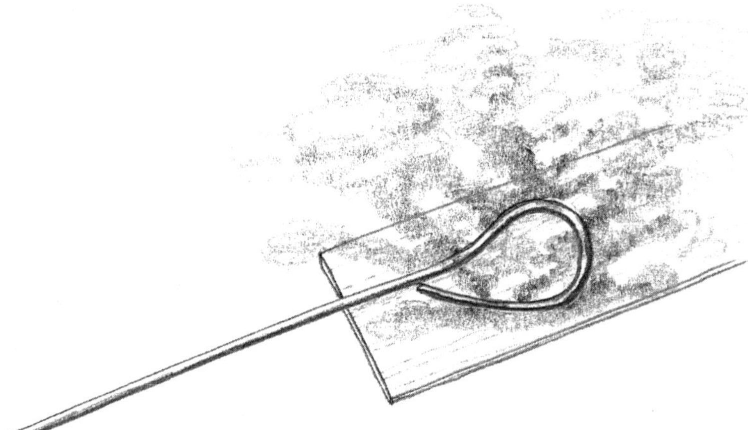

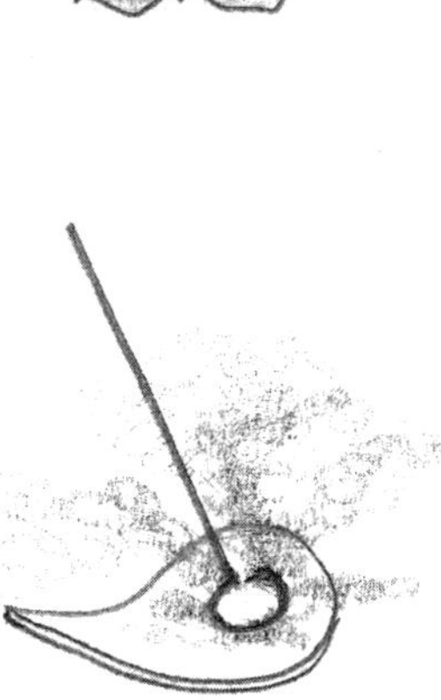

La balle de rotin

Matériaux. Un long brin de rotin.

Outils. Le couteau.

Réalisation. Tresser le bout du brin, pour obtenir le noeud de départ. Elargir l'ouverture centrale, afin d'obtenir un anneau tressé. Le brin long va suivre l'autre jusqu'à six passages ou plus. Progressivement, la balle s'arrondit.

Utilisation. Jeux de balle.

La palma de rotin

Material. *Un long brim de rotin.*

Esplechs. *Lo cotèl.*

Realisacion. *Trenar lo cap del brin, per obténer lo nosèl de despart. Alargar la dobertura centrala pr'amor d'obténer un annèl trensat. Lo brim long va segre l'autre dusca sièis passatges o mai. Pauc a pauc, la palma ven redonda.*

Utilisacion. *Jòcs de palma.*

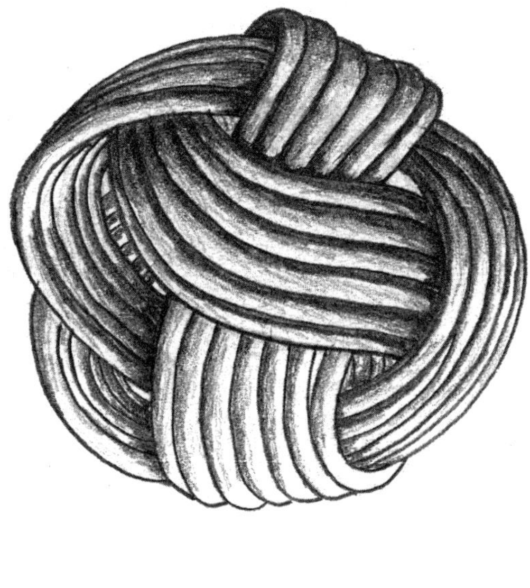

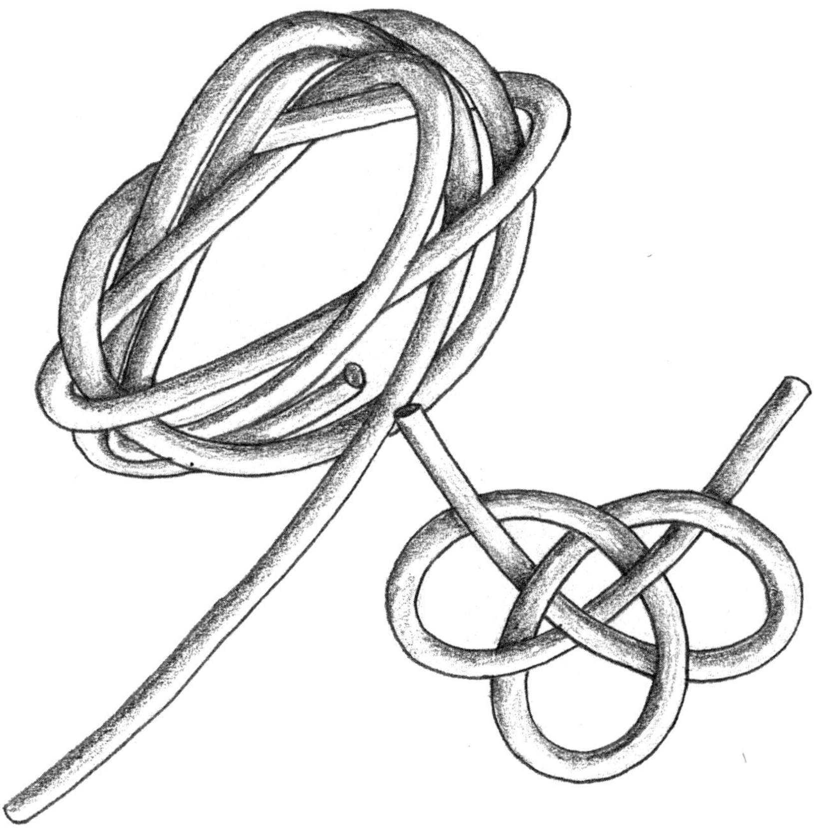

Les petites souris

Matériaux. Une boîte d'allumettes. Une planchette (cagette de fruits). Deux ressorts très fins (de briquets, par exemple). Un bout de gitolle. Un morceau de chambre à air. Gros fil noir. Colle.

Outils. Le couteau, ciseaux, poinçons fins, fer à rougir au feu, crayon à papier.

Réalisation. Façonner les deux petites souris. Dessiner les oreilles et les yeux au fer rouge. En colorer une en gris (crayon à papier). Perforer des trous pour la queue (à découper dans la chambre à air), et pour les moustaches (fil noir empesé à la colle). Découper une planchette à la taille de l'intérieur de la boîte. Y coller, au centre, une cloison en planchettes superposées. Visser les ressorts dans de très petits trous.

Utilisation. Enfermer les souris dans la boîte. Ouvrir alternativement un côté puis l'autre : les souris bondissent.

Las ratonas

Material*. Una bóstia d'alumetas. Una postarèla (gabiòta de fruchas). Dos ressòrts plan fins (de briquèts, per exemple). Un tròç de giscla. Un tròç de cambra d'aire. Gròs fil negre. Pega.*

Esplechs*. Lo cotèl, cisèls, ponchons de rogir al fuòc, gredon de papièr.*

Realisacion*. Faiçonar las doás ratòlas. Dessenhar las aurelhas e los uèlhs al fèrre roge. Ne colorar una de gris (gredon de papièr). Far de traucs pels uèlhs e per la coá (de copar dins la cambre d'aire), e per las mostachas (fil negre empegat). Talhar una postarèla a la dimension del dedins de la bóstia. I pegar, al centre, una paretona de postarèlas subrepausadas. Vissar los ressòrts dins de traucs plan pichons.*

Utilisacion*. Embarrar las ratòlas dins la bóstia. Durbir alternativament un pam puèi un autre : las ratòlas sautan.*

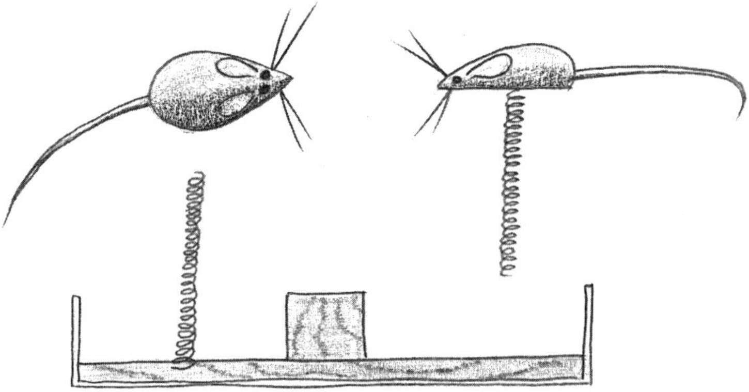

Seita
ALLUMETTES

Le teponaztl *

Matériaux. Un tube de bambou (ou de roseau) comportant trois noeuds si possible, et d'assez gros diamètre. Une ou deux baguettes de bois sec et dur.

Outils. Scie à métaux, couteau, poinçon à rougir au feu.

Réalisation. Entre deux noeuds, à environ un tiers de la longueur, faire un profond trait de scie (un tiers du diamètre du tube). Près des noeuds, pratiquer au poinçon rougi au feu deux trous, un de chaque côté, au niveau du fond du trait de scie. Avec le couteau, fendre le tube en partant du trait de scie et en allant vers les trous. Elargir la fente pour que la languette dégagée soit libre.

N.B. : S'il y a trois noeuds, le teponaztl peut être double ; chaque partie produira des sons différents.

Utilisation. Chercher, à l'oreille, sur chacune des languettes, l'endroit où le son est le meilleur (l'un par rapport à l'autre). Le marquer. On joue des rythmes avec une ou deux baguettes.

* Nom donné au Mexique.

*Lo teponaztl**

***Material**. Un tudèl de bambó (o de canavera) que ten tres nosèls, se possible, e de pro gròs diamètre. Una o doás baguetas de bòsc sec e dur.*

***Esplechs**. Ressa de metal, cotèls, ponchons de rogir al fuòc.*

***Realisacion**. Entre dos nosèls, a un tèrç de la longor, pauc o pro, tirar un còp de ressa prigond (un tèrç del diamètre del tudèl). Pròche dels nosèls, praticar al ponchon rogit al fuòc dos traucs, un de cada pam, al nivèl del fons del còp de ressa. Amb lo cotèl, fendre lo tudèl en partir del còp de ressa e en anar devàs los traucs. Alargar la fenda per que la lengueta atal degajada siá liura.*
***N.B.** Se i a tres nosèls, lo teponaztl pòt èsser doble; cada partida fará de sons diferents.*

***Utilisacion**. Cercar a l'aurelha, sus caduna de las lenguetas, l'endrech que lo son es lo melhor (l'un rapòrt a l'autre). Lo marcar. Se jòga de ritmes amb una o doás baguetas.*

** Nom donat al Mexique.*

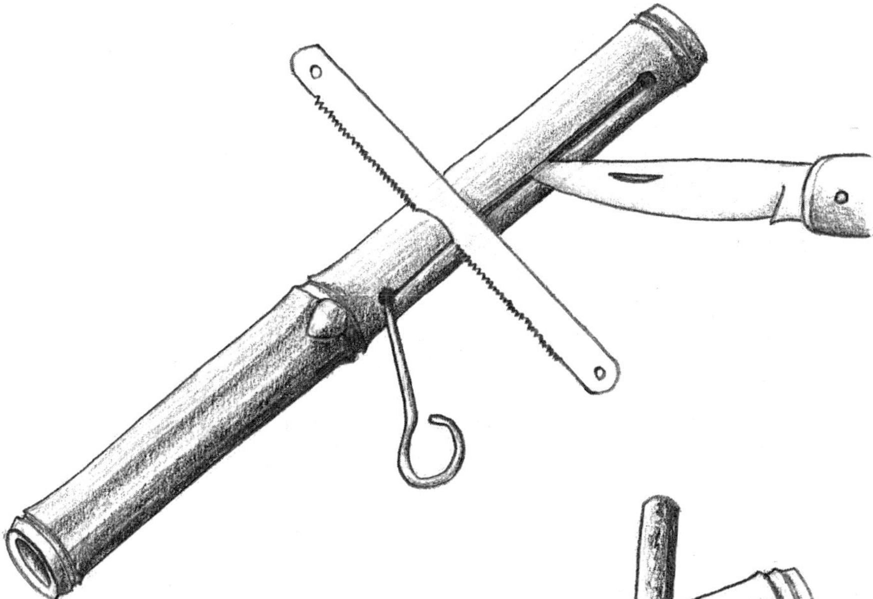

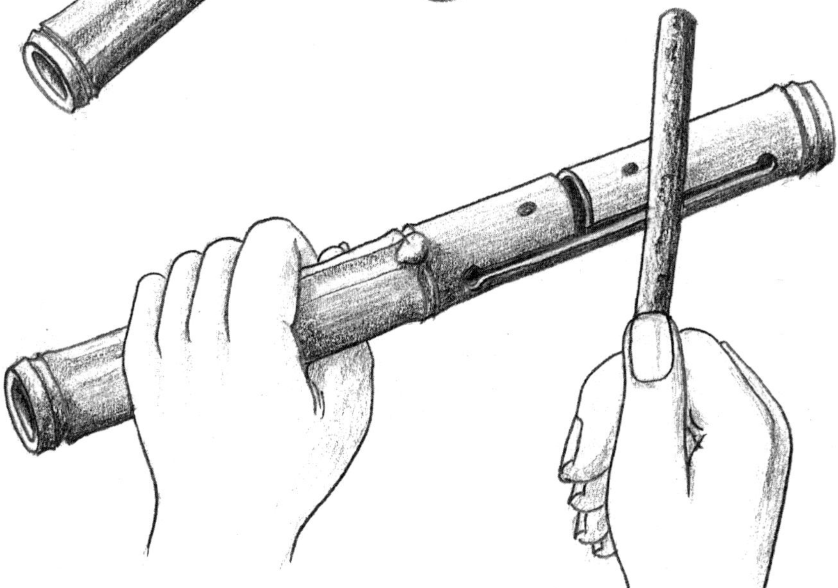

L' anémomètre

Matériaux. Des cupules de glands. Un petit scion de bambou. Une gitolle.

Outils. Le couteau, poinçon.

Réalisation. Couper un tronçon d'environ 5 ou 6 cm dans le scion. Le perforer (poinçon rougi au feu), près de l'une des extrémités, de deux trous en croix, superposés. Fabriquer dans le bambou deux baguettes très fines qui seront passées dans les trous. Chaque cupule sera percée de deux trous et sera fixée à l'extrémité de chacune des baguettes. Le mécanisme de rotation ne devra offrir aucune résistance au frottement. Pour cela, faire une petite cale, arrondie au bout, que l'on enfoncera dans le tube jusqu' à la première baguette. Un petit axe, au bout arrondi lui aussi, fixé sur la gitolle qui servira de pieu, viendra tourner facilement dans le tube,contre la cale.

Utilisation. Planter en terre l'anémomètre, sa vitesse de rotation est proportionnelle à celle du vent.

L'anemomètre

Material. *De cufèlas d'aglands.Una possa de bambó pichona. Una giscla.*

Esplechs. *Cotel, ponchon.*

Realisacion. *Copar un tròç de 5 o 6 cm, pauc o pro, dins la possa. Far dos traucs subrepausats, en crotz, (ponchon rogit al fuòc), prèp de l'un dels caps. Fabricar dins lo bambó doás baguetas plan finas que seran passadas dins los traucs. Cada cufèla serà traucada en dos còps e fixada al cap de caduna de las baguetas. Lo mecanisme de viradís deurà pas far cap de resisténcia al fretament. Per aquò far, fabricar una pichona còta, aredondida al cap, que se conharà dins lo tudèl dusca la primièra bagueta. Un pichòt axe, al cap aredondit, el tanben, fixat sus la giscla que servirà de pal, vendrà virar aisidament dins lo tudèl, contra la còta.*

Utilisacion. *Plantar en terra l'anemomètre; sa vitesse de viradís es proporcionala a la del vent.*

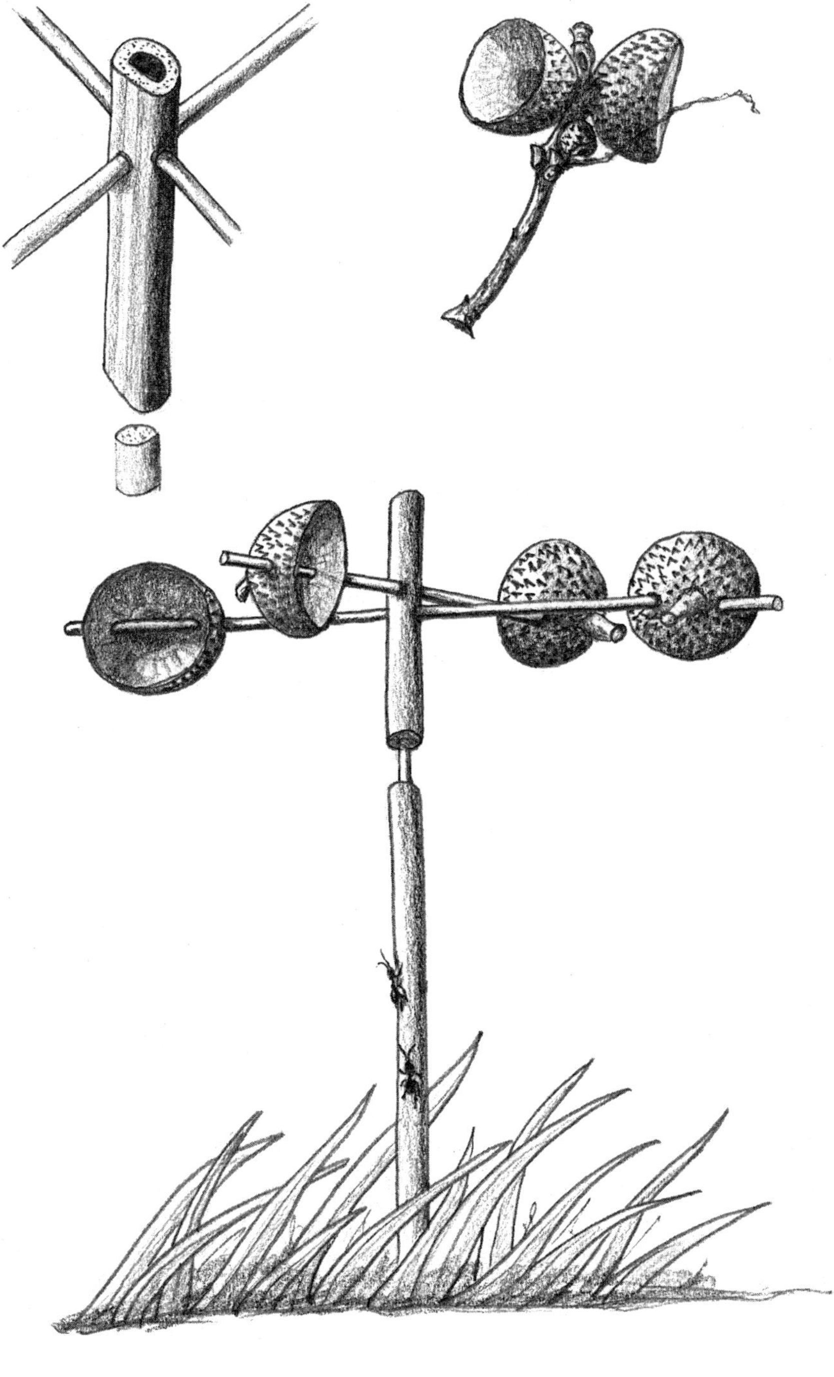

L'arc musical

Matériaux. Un tronçon de gros bambou (diamètre d'environ 10 cm). Un scion dont on tirera un forte éclisse. Du fil. Vessie de porc ou feuille de plastique fort. De l'élastique de chambre à air.

Outils. Le couteau, une scie à métaux, des ciseaux.

Réalisation. Faire à la scie, une encoche circulaire à 1 cm de l'un des bords du résonateur. Percer deux trous au diamètre de l'éclisse. Fixer la membrane, bien tendue, avec les élastiques. Monter l'arc : éclisse, et fil retenu par un bâtonnet, derrière la membrane. Réglage du son, selon la tension de l'arc (à l'oreille).

Utilisation. Pulser la corde avec le pouce, les ongles des autres doigts, etc...

N.B. : Au repos, relâcher la corde de l'arc, pour lui conserver sa force et pour ne pas fatiguer la membrane.

L'arquet

Material. *Un tròç de gròs bambó (diamètre de 10 cm pauc o pro). Una possa que se ne tirarà una fòrta estèla. De fil. Petega de pòrc o fuèlha de plastic fòrt. D'elastic de cambra d'aire.*

Esplechs. *Lo cotèl. Una ressa de metal. Cisèls.*

Realisacion. *Faire amb la ressa una òsca circulària a 1 cm de l'un dels bòrds del ressonador. Far dos traucs al diamètre de l'estèla. Fixar la membrana, plan tenduda, amb los elastics. Montar l'arquet : estèla e fil retengut per un bastonet, darrièr la membrana. Reglatge del son, segond la tension de l'arc (a l'aurelha).*

Utilisacion. *Pulsar la còrda amb lo det gròs, las àrpias dels autres dets, e çò autre...*

N.B. *Al repaus, tornar lachar la còrda de l'arquet, per li servar sa fòrça e fatigar pas la membrana.*

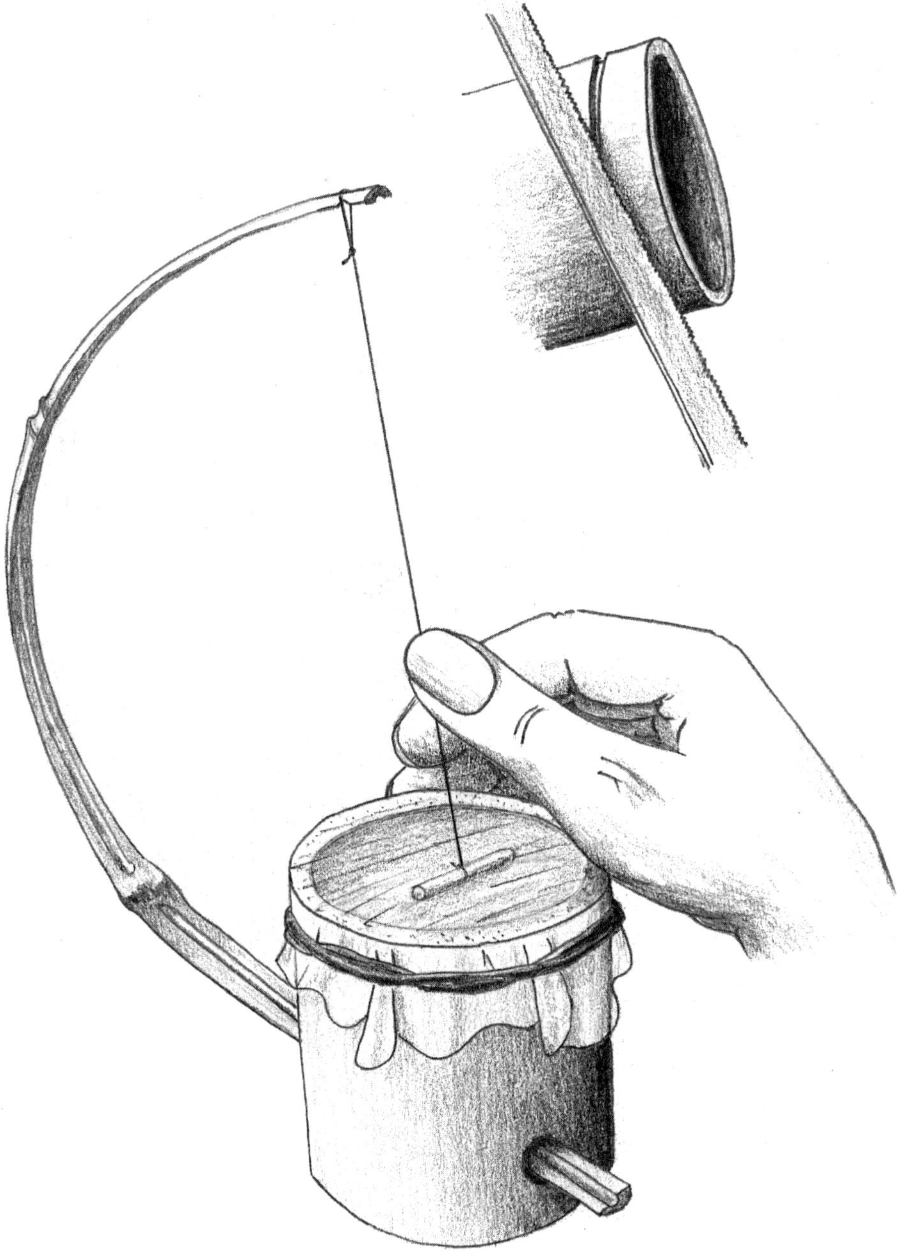

Le moulin de Bruegel l'ancien *

Matériaux. Une gitolle de noisetier, châtaignier, etc... fine. Du carton fort. Une pointe. De la ficelle fine.

Outils. Couteau, poinçon en fil de fer, ciseaux.

Réalisation. Couper un tronçon de gitolle d'environ 30 cm. Y pratiquer deux fentes, une à chaque extrémité, opposées à environ 90°. Fixer les pales par une ligature qui les traverse. Fixer l'hélice avec la pointe, en laissant un peu de jeu.

Utilisation. Courir en tenant l'hélice : elle tourne.

* Hypothèse, à partir du tableau de Bruegel. Jeux d'enfants 1560 (cf reproduction partielle sur le dessin).

*Lo molin de Bruegel l'ancian**

Material. *Una giscla fina d'avelanièr, castanhièr, e çò autre... De carton fòrt. Una poncha. De ficèla fina.*

Esplechs. *Cotèls, ponchon de fil de fèrre, cisèls.*

Realisacion. *Copar un tròç de giscla de 30 cm, pauc o pro. I far doás fendas, una a cada cap, opausadas a 90°, pauc o pro. Fixar las raisses per un ligam que les traversa. Fixar l'eliça amb la poncha, en daissar un bocin de jòc.*

Utilisacion. *Córrer en téner l'eliça : vira.*

**Ipotèsi, en partir del tablèu de Bruegel. «Jòcs d'enfants» 1560 (cf reproduccion parciala sul dessenh).*

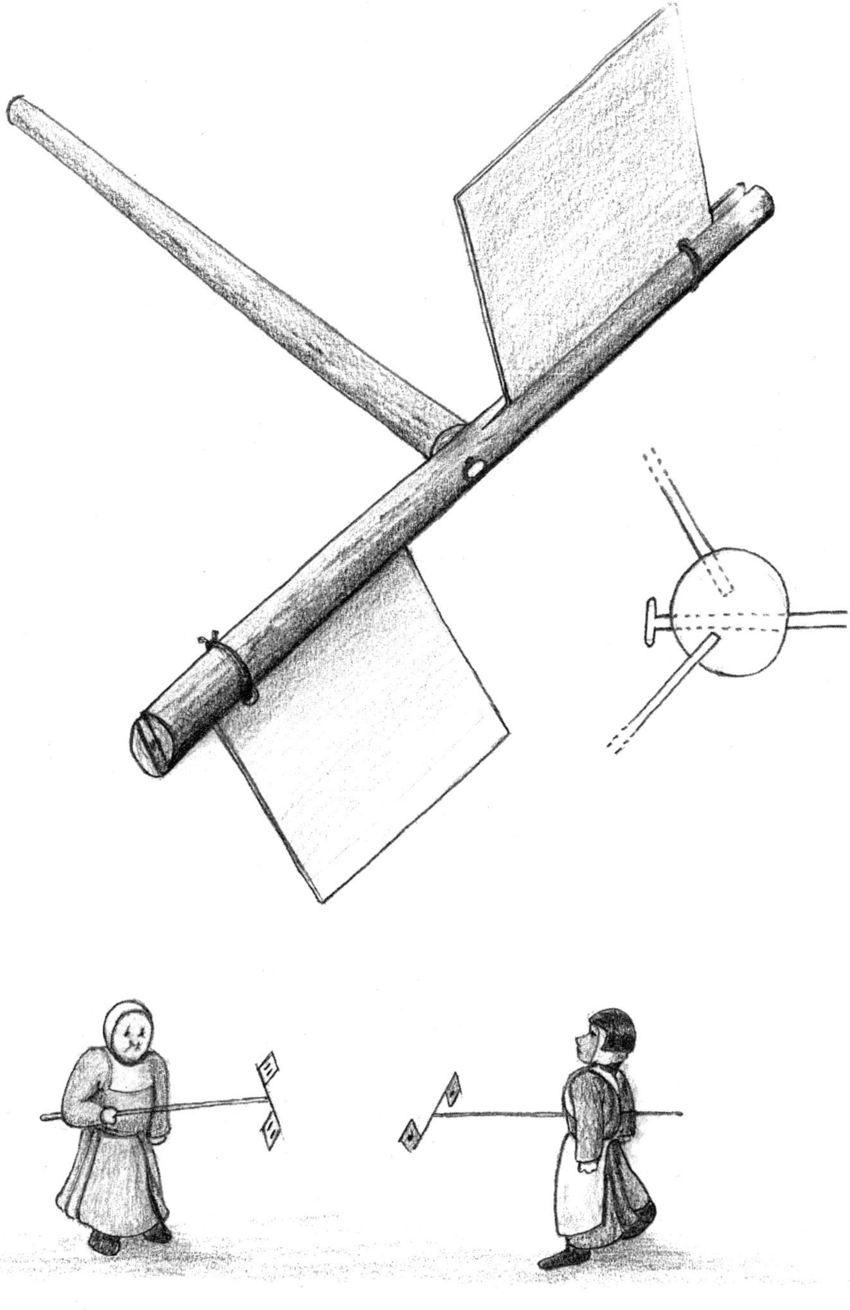

Les papillons

Matériaux. Du carton fort. Des tronçons de petites gitolles. Du fil à coudre et du fil à pêche. Des épingles à tête. Des peintures de différentes couleurs. Du gros fil de fer.

Outils. Le couteau, ciseaux, poinçons, pinces, pinceaux.

Réalisation. Découper dans le carton, les ailes côté droit et côté gauche du papillon, séparément. Les peindre. Façonner le corps dans le bois, le perforer horizontalement en trois endroits, et le peindre. Perforer et attacher les ailes au corps avec le fil. Fixer un support de chaque côté du papillon : une extrémité du fil à pêche au tiers de l'aile avant et l'autre à l'aile arrière. Fixer les supports au plafond en les écartant en «V». Fixer un fil au milieu du corps et y suspendre un anneau lourd fait en fil de fer, qui fera contre-poids. (Il faudra rechercher l'équilibre).

Utilisation. Tirer sur l'anneau : le papillon bat des ailes.

Los parpalhòls

Material. *De carton fòrt. De tròç de pichonas gisclas. De fil de cóser e de pesca. D'espinglas de testa. De pintura de diferentas colors. De fil de fèrre gròs .*

Esplechs. *Lo cotèl; cisèls; ponchons; pinças; pincèls.*

Realisacion. *Talhar dins lo carton, las alas costat drech e esquerra del parpalhòl, desseparadas. Las pintrar. Faiçonar lo còs dins lo bòsc, lo traucar orizontalament en tres endrechs, e lo pintrar. Traucar e estacar las alas al còs amb lo fil. Fixar un supòrt de cada pam del parpalhòl : un cap del fil de pesca al tèrç de l'ala avant e l'autre a l'ala arrièr. Fixar los supòrts a la travada en los escartar en «V». Fixar un fil al mièg del còs e i penjar un annèl pesat fach de fil de fèrre, que farà contrapés (caldrà cercar l'equilibri).*

Utilisacion. *Tirar sus l'annèl : lo parpalhòl bolega las alas.*

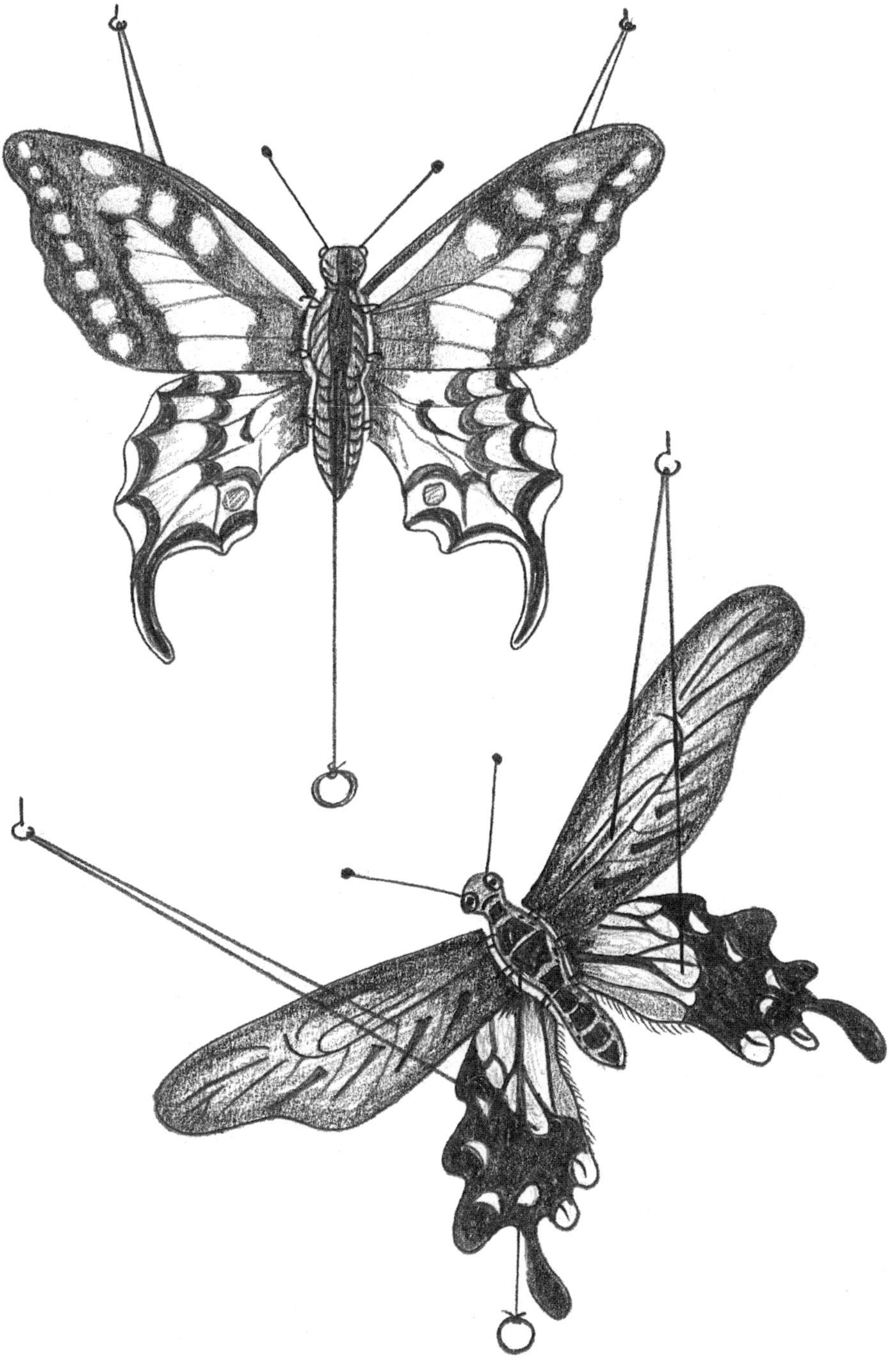

Le billard irlandais

Matériaux. Des planchettes de cagettes de fruits. Des tronçons de roseau. Une gitolle. De la ficelle. Une pointe. De la colle à bois.

Outils. Le couteau, une scie, des poinçons.

Réalisation. Fabriquer le socle du lanceur et le plateau des pions en collant plusieurs épaisseurs croisées de planchettes. Le lanceur est fait d'un tronçon de gitolle attaché au bout d'une ficelle plus longue que le mât. La ficelle est nouée à une roue fixée en haut du mât où elle doit tourner librement. Fixer neuf courts pivots sur le plateau. Découper les neuf pions en veillant à ce qu'ils tiennent bien debout.

Utilisation. Placer le lanceur au bord de la table, et lui donner une impulsion circulaire. Le poids doit renverser les pions mais ne doit faire qu'un seul tour de mât à chaque lancer.

Lo bilhard irlandés

Material. *De postarèlas de gabiòtas de fruchas. De tròces de canavera. Una giscla. De ficèla fina. Una poncha. De pega de bòsc.*

Esplechs. *Lo cotèl, una ressa, de ponchons.*

Realisacion. *Fargar lo sòcle del lançaire e lo platèu dels pions en pegar maitas espessors crosadas de postarèlas. Lo lançaire es fach d'un tròç de giscla estacat al cap d'una ficèla mai longa que lo mast. La ficèla es noselada a una ròda fixada al cap del mast ont deu virar liurament. Fixar nòu corts pivòts sul platèu. Talhar los nòu pions en velhar que tengan plan drech.*

Utilisacion. *Plaçar lo lançaire al bòrd de la taula, e li donar un vam circulari. Lo pés deu renversar los pions mas deu pas faire qu'un sol torn de mast a cada lançar.*

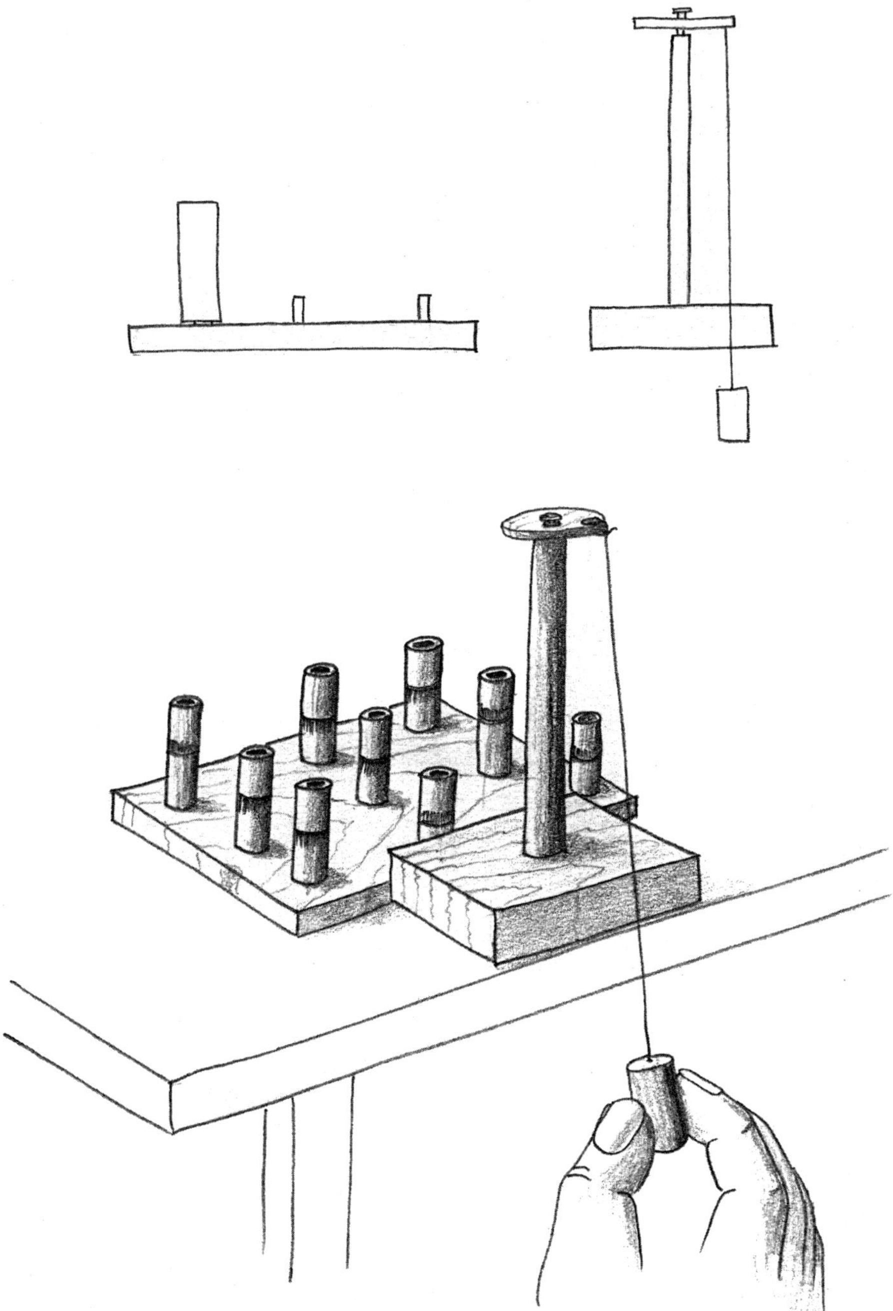

Le pistolet baoulé

Matériaux. Des tronçons de réglette de bois (chutes de menuiserie), de section carrée ou rectangulaire. Un petit tronçon de bois rond. De l'élastique de chambre à air.

Outils. Une scie, le couteau, un poinçon.

Réalisation. Couper trois tronçons dans la réglette : deux pour la crosse et un pour le canon (la longueur de ce dernier dépend de celle des élastiques à utiliser). Faire un assemblage à mi-bois, coller et fixer une cheville pour la crosse. Fixer un petit morceau de bois au bout du canon. Pratiquer les deux encoches arrondies qui maintiendront le petit rondin sur lequel s'articuleront les deux parties de la crosse. Fixer un solide élastique pour maintenir ces deux parties accolées.

Utilisation. Entre les deux parties de la crosse, pincer un élastique dont l'autre extrémité viendra s'accrocher au bout du canon. Appuyer sur la partie mobile de la crosse (la gâchette) : l'élastique part.

Lo pistolet baulè.

Material. *De tròces de regleta de bòsc (menusalhas de fustièr), de seccion cairada o rectangulària. Un trocet de bòsc redond. D'elastic de cambra d'aire.*

Esplechs. *Una ressa; lo cotèl; un ponchon.*

Realisacion. *Copar tres tròces dins la regleta : dos per la cròça e un pel canon (la longor d'aqueste depend d'aquela dels elastics d'utilisar). Faire un assemblage a meitat bòsc, pegar e fixar una cavilha per la cròssa. Fixar un trocet de bòsc al cap del canon. Realisar las doás òscas arredondidas que mantendran lo trocet que las doás partidas de la cròssa i s'articularan dessús. Fixar un elastic solide per manténer aquelas doás partidas embraçadas.*

Utilisacion. *Entre las doás partidas de la cròssa, pinçar un elastic que son autre cap vendrà s'acrochar al cap del canon. Cachar sus la partida mobila de la cròssa : l'elastic partís.*

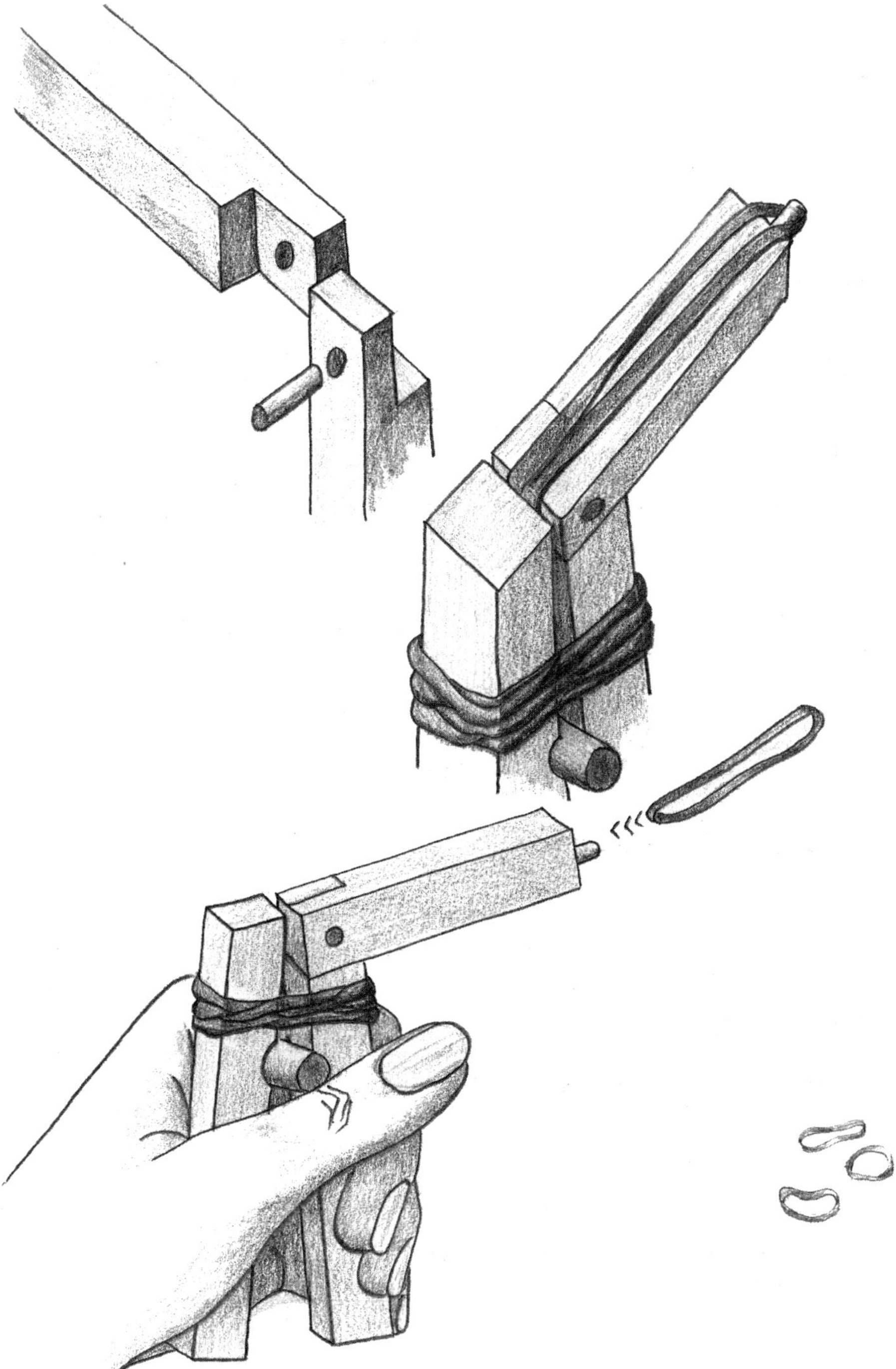

Le marouvané*

Matériaux. Un tronçon de bambou, roseau, tige sèche de maïs, etc... ayant un noeud à chaque bout. Ficelle fine. Petits morceaux de bois dur.

Outils. Le couteau.

Réalisation. Avec la pointe du couteau, marquer profondément deux lignes parallèles d'un noeud à l'autre. Toujours avec la pointe du couteau, soulever la languette formée par les deux entailles. Répérer l'opération pour obtenir une autre languette. Pratiquer une ligature à chaque bout de la cithare, pour éviter l'arrachement des cordes. Sous les cordes, passer un petit sillet, à chaque extrémité, et tendre les cordes à l'oreille.

Utilisation. On joue en pulsant les cordes avec les pouces. On peut tenir un bout de la cithare entre les dents, ou l'appuyer contre une caisse de résonnance.

* nom donné à Madagascar

*Lo marovanè**

Material. *Un tròç de bambó, canavera, brostèla seca de milh, e çò autre... agent un nosèl a cada cap. Ficèla fina. Pichons tròces de bòsc dur.*

Esplechs. *Lo cotèl.*

Realisacion. *Amb la poncha del cotèl, marcar prigondament doás linhas paralèlas d'un nosèl a l'autre. Totjorn amb la poncha del cotèl, soslevar la lenguèta formada per las doás entalhas. Tornar far l'operacion per obténer una autra lenguèta. praticar un ligam a cada cap de la citara, per evitar l'arrancament de las còrdas. Jos las còrdas, passar un pichon selhet a cada cap, e tendre las còrdas a l'aurelha.*

Utilisacion. *Se jòga en pulsar las còrdas amb los dets gròs. Se pòt téner un tròç de la citara entre las dents, o la pausar contra una caissa de resson.*

** nom donat a madagascar*

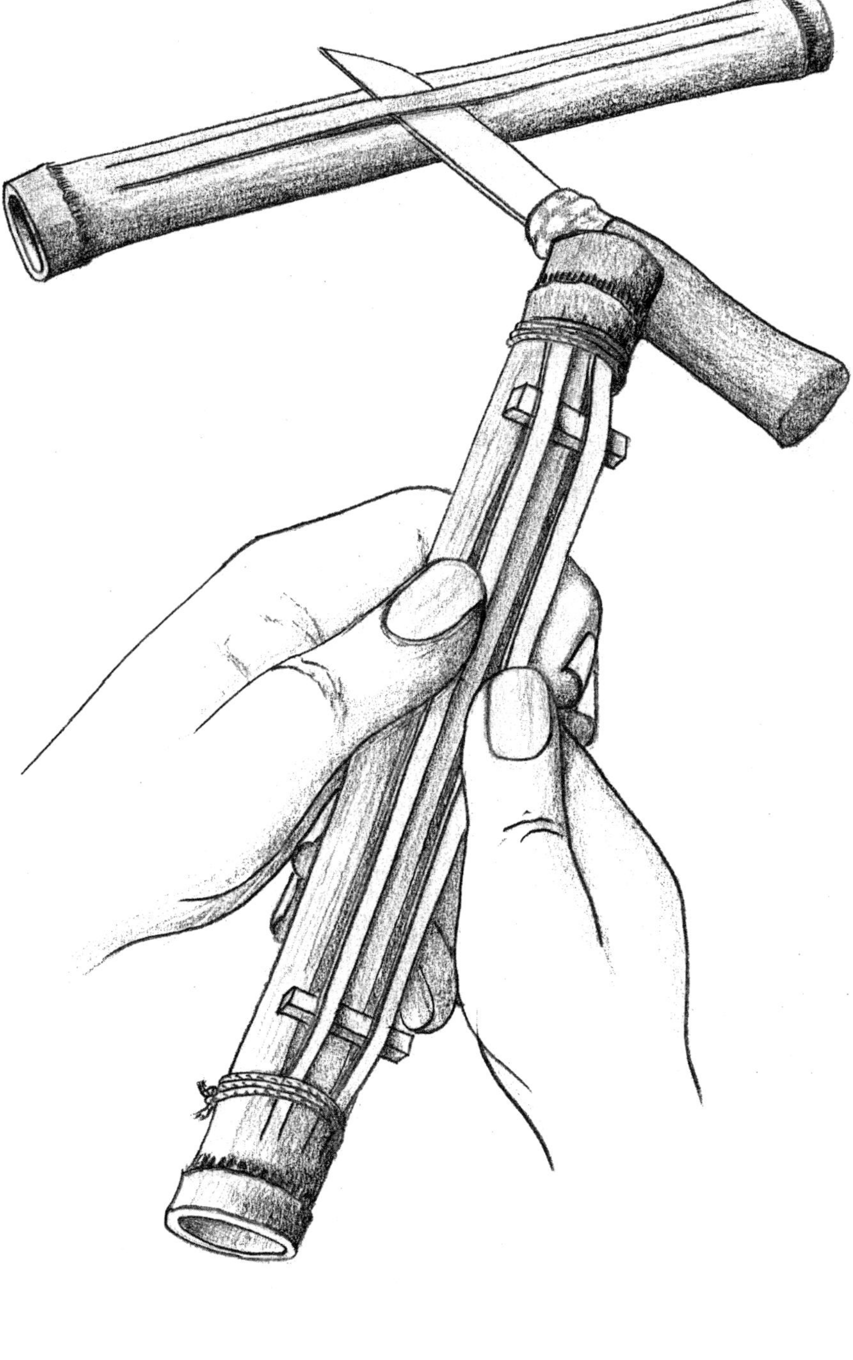

Lo tendil

Matériaux. Trois gitolles droites. Des planchettes un peu épaisses. Du grillage fin. Des pointes fines. Un peu de graisse de cuisine.

Outils. Le couteau, scie fine, marteau, cisailles.

Réalisation. Scier les planches et les clouer. Découper le grillage et le clouer afin de faire une sorte de tamis. Pratiquer les encoches dans les trois pièces de bois, selon le dessin, en respectant bien les angles dessinés en gros plan. Planter dans le sol le bâton de droite, disposer les deux autres et appuyer le tamis dont le poids doit maintenir les trois bâtons ensemble. Poser la graisse qui sert d'appât.

Utilisation. Lorsque l'oiseau se pose ou picore l'appât, le triangle se défait et le piège se referme. Traditionnellement, on mettait une pierre plate à la place du tamis. Mais ce dernier a l'avantage de ne pas blesser l'oiseau, permettant ainsi le baguage, par exemple.

Lo tendilh

Material. *Tres gisclas drechas. De postarèlas un pauc espessas. De grilha fina. De ponchas finas. Un pauc de graissa de cosina.*

Esplechs. *Lo cotèl, ressa fina, martèl, cisalhas.*

Realisacion. *Ressar las postarèlas e las clavar. Copar la grilha e la clavar pr'amor de faire una mena de sedaç. Praticar las òscas dins las tres peças de bòsc, en segre lo dessenh e, en respectar plan los angles dessenhats en plan gròs. Plantar dins lo sòl lo baston de drecha, dispausar los dos autres, e apiejar lo sedaç que son pes deu manténer los tres bastons ensemble. Pausar la graissa que serv d'afriandaire.*

Utilisacion. *Quand l'aucèl se pausa o beca l'afriandaire, lo triangle se còpa e lo tendilh se tòrna barrar. Tradicionalament, se metiá una pèira plata en plaça del sedaç. Mas aqueste a l'avantatge de blessar pas l'aucèl, permetant atal lo bagage, per exemple.*

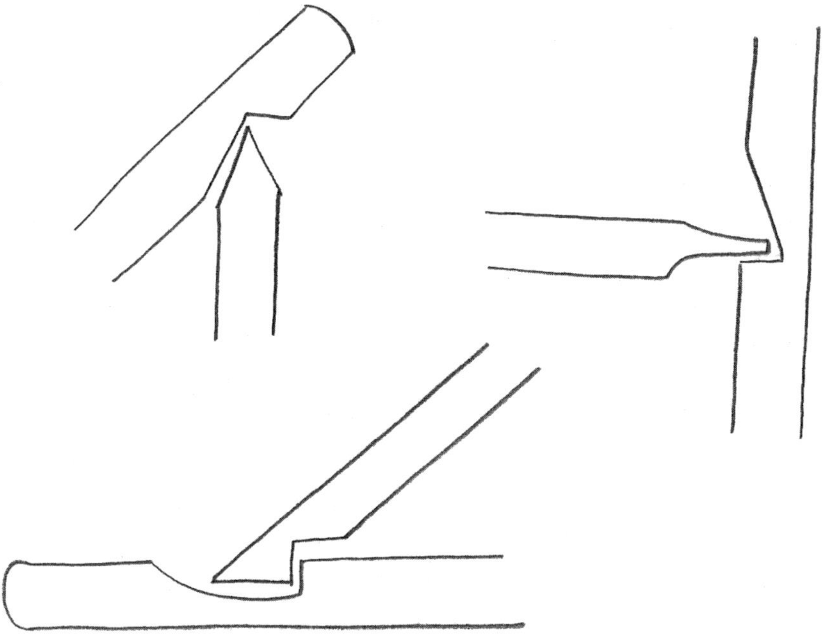

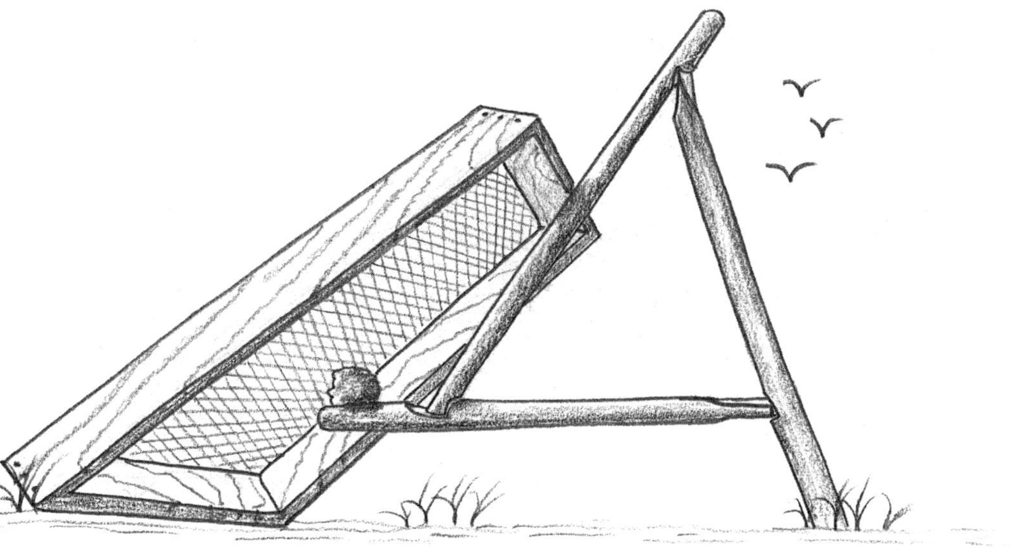

Le tambourin

Matériaux. Un tronçon de gitolle sec. Une planchette (cagette de fruits). De la ficelle. Un élastique.

Outils. Le couteau. Poinçon en fil de fer.

Réalisation. Pratiquer une fente dans la gitolle : commencer par faire un trou avec le poinçon, puis avec la pointe du couteau, évider la fente en partant du trou. Poser la planchette, puis la fixer par une ligature, avec l'élastique. Réaliser deux boules dans le bois de la gitolle, et les attacher à la planchette, régler la longueur de la ficelle pour que les boules frappent la planchette du côté où elles sont attachées (une ficelle trop longue rend la manipulation difficile).

Utilisation. Tenir le manche des deux mains, et le faire tourner rapidement (quarts de tours) dans un sens, puis dans l'autre. Les boules frappent la planchettes et produisent un son de crécelle.

Lo tamborin

Material*. Un tròç de giscla seca. Una postarèla (gabiòta de frucha). De ficèla. Un elastic.*

Esplechs*. Lo cotèl. Ponchon de fil de fèrre.*

Realisacion*. Praticar una fenda dins la giscla; començar per faire un trauc amb lo ponchon, puèi amb la poncha del cotèl, voidar la fenda en partir del trauc. Pausar la postarèla, puèi la fixar per un ligam, amb l'elastic. Realisar doás bòchas dins lo bòsc de la giscla, e las estacar a la postarèla del pam que son estacadas (amb una ficèla tròp longa la manipulacion es pas de bon faire).*

Utilisacion*. Téner lo margue de doás mans, e lo faire virar lèu (quarts de torn) dins un sens, puèi l'autre. Las bòchas tustan la postarèla e dònan un son de riga-raga.*

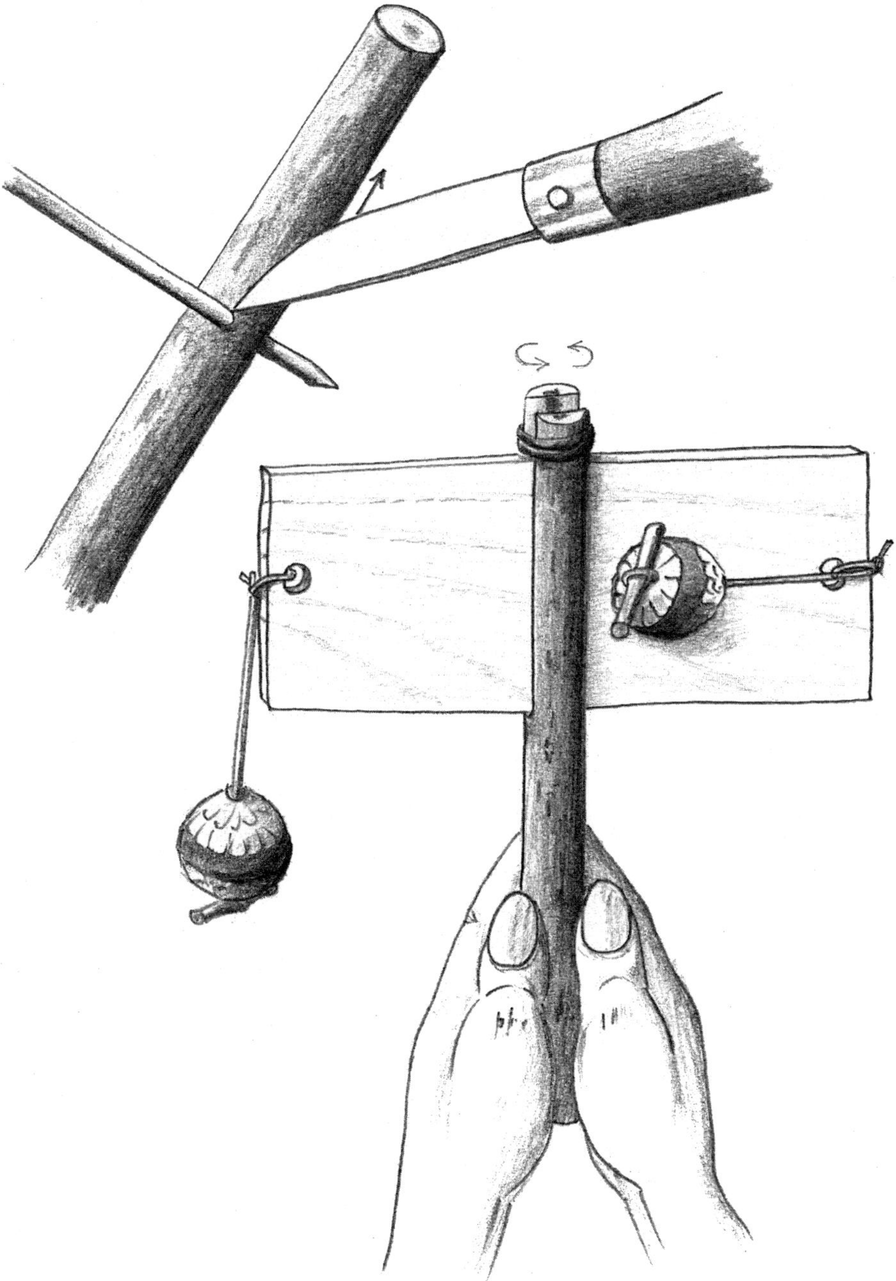

Le descendeur

Matériaux. Un rondin de bois (diamètre 5 cm ou plus). De la ficelle fine et lisse.

Outils. Scie , poinçon à faire rougir au feu.

Réalisation. Découper une rondelle d'environ 2 cm d'épaisseur. Dessiner un visage sur chaque face (un souriant, un apeuré). Perforer en deux temps : faire deux demi-trous à environ 45° de la verticale, et qui se rejoignent à l'intérieur de la rondelle. Y passer la ficelle qui doit coulisser librement.

Utilisation. Coincer le bas de la ficelle avec le pied, tenir le haut fortement tendu : le descendeur reste en place. Relâcher la tension : il descend. Retendre : il s'arrête en pleine course.

Lo davalaire

Material. *Un rolhon de lenha (diamètre 5cm o mai). De ficèla fina e lissa.*

Esplechs. *Ressa, ponchon de faire rogir al fuòc.*

Realisacion. *Copar una rondèla de 2 cm d'espessor, pauc o pro. Dessenhar una cara sus cada fàcia (una sorisenta, una espaurugada). Traucar en dos temps : faire dos mièg-traucs a 30°, pauc o pro, de la verticala, e que se rejonharan al dedins de la rondèla. I passar la ficèla que deu lisar liurament.*

Utilisacion. *Conhar lo debàs de la ficèla amb lo pè; téner lo denalt plan redde : lo davalaire demòra en plaça. Quitar de tendre : davala. Tornar tendre : s'arresta en plena corsa.*

La danseuse aquatique

Matériaux. Du fil de fer très fin. Une gale de chêne. Une petite pierre (dont il faudra choisir la grosseur plus tard). De l'élastique. Du fil.

Outils. Le couteau, pinces, ciseaux.

Réalisation. Modeler la silhouette avec le fil de fer (cette technique permet de réaliser tous types de profils), en conservant au niveau de l' un des pieds, une longue tige. Percer la galle, et y introduire la tige de fil de fer; recourber la pointe, et y fixer un petit caillou dont la grosseur doit être telle que l'ensemble se maintienne verticalement sur l'eau.

Utilisation. Faire flotter la danseuse sur un bassin, sur la rivière, etc...

La dansarèla de l'aiga

Material*. De fil de fèrre fin. Una gala de garric. Una pichona pèira (que ne caldrà causir la grossor mai tard); de fil; d'elastic.*

Esplechs*. Lo cotèl; pinças; cisèls.*

Realisacion*. Modelar l'ombrina amb lo fil de fèrre (aquela tecnica permés de realisar totas menas de perfil), en servar al nivèl de l'un dels pès, una longa camba. Traucar la gala, i conhar la vergueta de fil de fèrre; corbar la poncha, e i fixar un pichon calhau que sa grossor deu èstre tala que l'ensemble se mantengue verticalament sus l'aiga.*

Utilisacion*. Faire flotejar la dansarèla sus un bacin, sus la ribièra, e çò autre...*

La crécelle à bobine

Matériaux. Une bobine en bois. Des planchettes dures (sapin) de cagette de fruits.
Des éclisses de bambou. Une gitolle. De la colle à bois.

Outils. Le couteau, une scie fine, un gros poinçon.

Réalisation. Cranter différemment chacun des deux disques de la bobine. Découper à la scie les différents éléments du cadre, la partie opposée à la bobine servant de contre-poids. Coller les différentes pièces. Le manche est fixé à la bobine et tourne librement dans les trous du cadre.

Utilisation. Crécelle à deux tons.

La rana

Material. *Una bobina de bòsc. De postarèlas duras (sapin) de gabiòta de fruchas. De clapas de bambó. Una giscla. De pega de bòsc.*

Esplechs. *Lo cotèl, una ressa fina, un gròs ponchon.*

Realisacion. *Far d'òscas diferentas suls dos discs de la bobina. Copar amb la ressa los diferents elements del quadre, lo tròç opausat a la bobina servant de contrapés. Pegar las diferentas peças. Lo margue es fixat a la bobina e vira liurament dins los traucs del quadre.*

Utilisacion. *Rana de doás tonalitats.*

La transmission croisée

Matériaux. Deux bobines de fil. Des planchettes de cagettes de fruits. De l'élastique de chambre à air. Des tronçons de gitolles. Du gros fil de fer. De la colle à bois.

Outils. Le couteau, une scie fine, gros poinçon, ciseaux.

Réalisation. Couper les gitolles et en réduire le diamètre de telle façon qu'elles puissent se coincer dans le trou des bobines. Scier les planchettes et les perforer d'un trou au diamètre plus grand que celui des axes. Coller les planchettes. Monter l'ensemble avec la courroie. La manivelle est faite avec le fil de fer qui pénètre dans la gitolle et que l'on replie dans une gorge pratiquée à mi-bois.

Utilisation. Le plaisir de tourner une manivelle et de voir fonctionner la courroie et les poulies. Base pour différents jouets (carrousels), ou support pour observation technologique.

La transmission crosada

Material*. Doás bobinas de fil. De postarèlas de gabiòtas de fruchas. D'elastic de cambra d'aire. De tròces de giscla. De fil de fèrre gròs. De pega de bòsc.*

Esplechs*. Lo cotèl, una ressa fina , ponchon gròs, cisèls.*

Realisacion*. Troçar las gisclas e ne redure lo diamètre de tal biais que se poguesson conhar dins lo trauc de las bobinas. Ressar las postarèlas e las traucar a un diamètre mai bèl que lo dels axes. Pegar las postarèlas. Montar l'ensemble amb la correja. Lo menalh es fach amb de fil de fèrre que planta dins la giscla e que se replega dins una garganta praticada a meitat bòsc.*

Utilisacion*. Lo plaser de virar un menalh e de veire fonccionar la correja e las carrèlas. Basa per diferentas joguinas (manètges), o supòrt per una observacion tecnologica.*

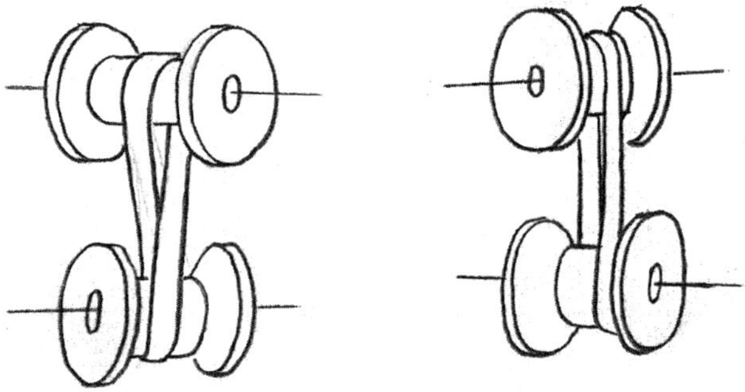

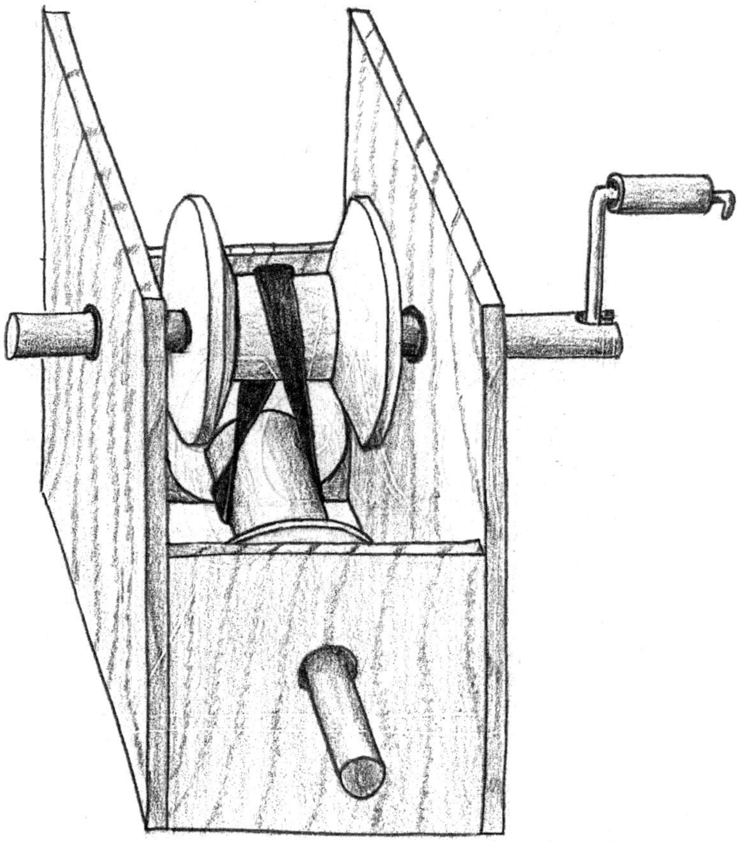

Le bâton de pluie

Matériaux. Une grosse tige de bambou (diamètre 4 ou 5 cm), d'une longueur d'au moins 50 à 70 cm, (l'objet original a au moins 1,5m de long). Du riz ou du blé (ou toute autre grenaille sonore). Un bouchon. Des chevilles de bambou.

Outils. Couteau, scie, poinçon, barre de fer à rougir au feu (diamètre intérieur du tube).

Réalisation. Couper le tube en conservant les noeuds aux extrémités. Perforer le noeud de l'une des extrémités, ainsi que le ou les noeuds centraux, à l'intérieur du tube, à l'aide de la barre rougie. Tracer une spirale sur toute la longueur du tube, et y pratiquer de petits trous, tous les 2 cm environ. Dans chacun des trous, planter une cheville qui traversera tout l'espace intérieur. Mettre dans le tube une grosse poignée de grenaille.

Utilisation. Incliner progressivement le tube : il se produit un crépitement de pluie.

Origine : le Mexique.

Lo baston de pluèja

Material. *Una gròssa possa de bambó (diamètre 4 o 5 cm), d'una longor d'al mens 50 a 70 cm; (l'objècte original fa pel mens 1,5m de long). De ris o de blat (o tota granalha sonòra maita). Un tap. De cavilhas de bambó.*

Esplechs. *Cotèl; ressa; ponchon; barra de fèrre de rogir al fuòc (diamètre interior del tudèl).*

Realisacion. *Copar lo tudèl en servar los nosèls als caps. Traucar lo nosèl de l'un dels caps, e lo o los nosèl central, al dedins del tudèl, amb l'ajuda de la barra rogida. Traçar una espirala sus tota la longor del tudèl, e i praticar de pichons traucs, cada 2 cm, pauc o pro. Dins cadun dels traucs, plantar una cavilha que traversarà tot l'espaci de l'interior. Botar dins lo tudèl un plenponh de granalha.*

Utilisacion. *Clinar progressivament lo tudèl : un bruch de pluèja se produsís.*

Origina *: lo Mexica.*

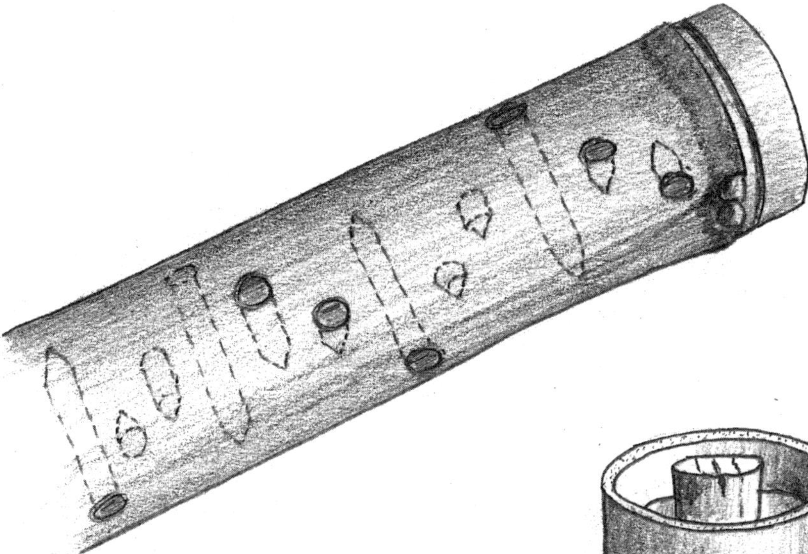

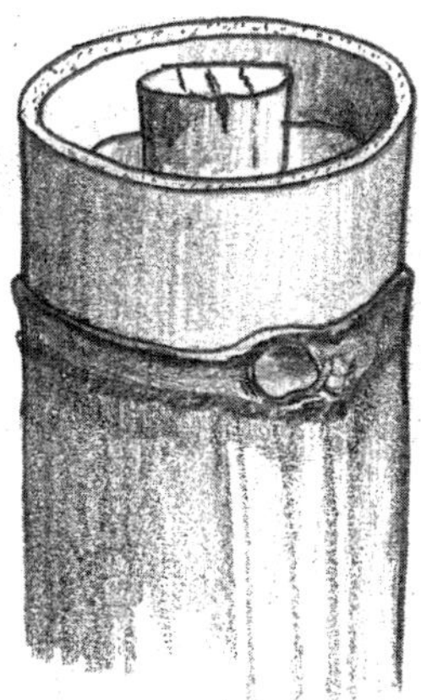

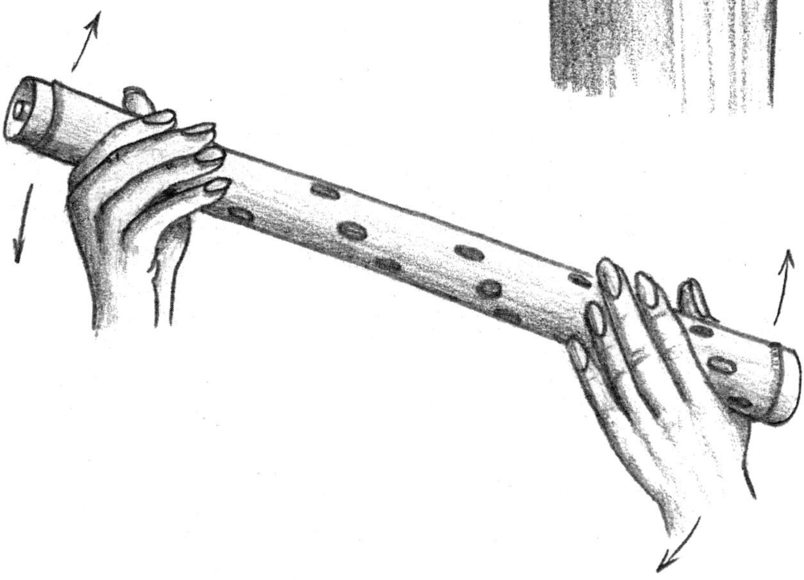

Le scieur

Matériaux. Planchette de bois blanc (cagette de fruits). Eclisse de bambou. Petit rondin. Gitolle.

Outils. Le couteau, pinces, pointe à rougir au feu, poinçon.

Réalisation. Découper la silhouette du scieur dans la planchette, à la pointe du couteau très bien aiguisé. Dans l'éclisse de bambou (1 mm d'épaisseur et en longueur deux fois la taille du scieur), découper les dents de la scie. Avec la pointe du couteau , faire le passage de la scie dans une gitolle assez longue pour qu'elle n'éclate pas, puis la couper à la longueur. Lester avec un petit rondin assez lourd pour obtenir l'équilibre.

Utilisation. Placer le scieur sur un rebord d'étagère ou de table (régler l'angle de la scie pour qu'elle touche presque l'étagère). Lui donner un impulsion : il se balance et fait mine de scier son support.

Lo ressegaire

Material. *Postarèla de bòsc blanc (gabiòta de fruchas). Estèla de bambó. Pichon rolhon de lenha. Giscla.*

Esplechs. *Lo cotèl, pinças, poncha de rogir al fuòc, ponchon.*

Realisacion. *Talhar l'ombrina del ressegaire dins la postarèla, a la poncha del cotèl plan afilat. Dins l'estèla de bambó (1mm d'espessor e en longor dos còps la talha del ressegaire), talhar las dents de la ressa. Amb la poncha del cotèl faire lo passage de la ressa dins una giscla pro longa per que petesse pas, puèi la copar a la longor. Saurrar amb un estelon pro pesat per obténer l'equilibri.*

Utilisacion. *Plaçar le ressegaire sus un rebòrd de laissa o de taula (reglar l'angle de la ressa que toquèsse presque la laissa). Li donar de vam : se balança e fa mina de ressegar son supòrt.*

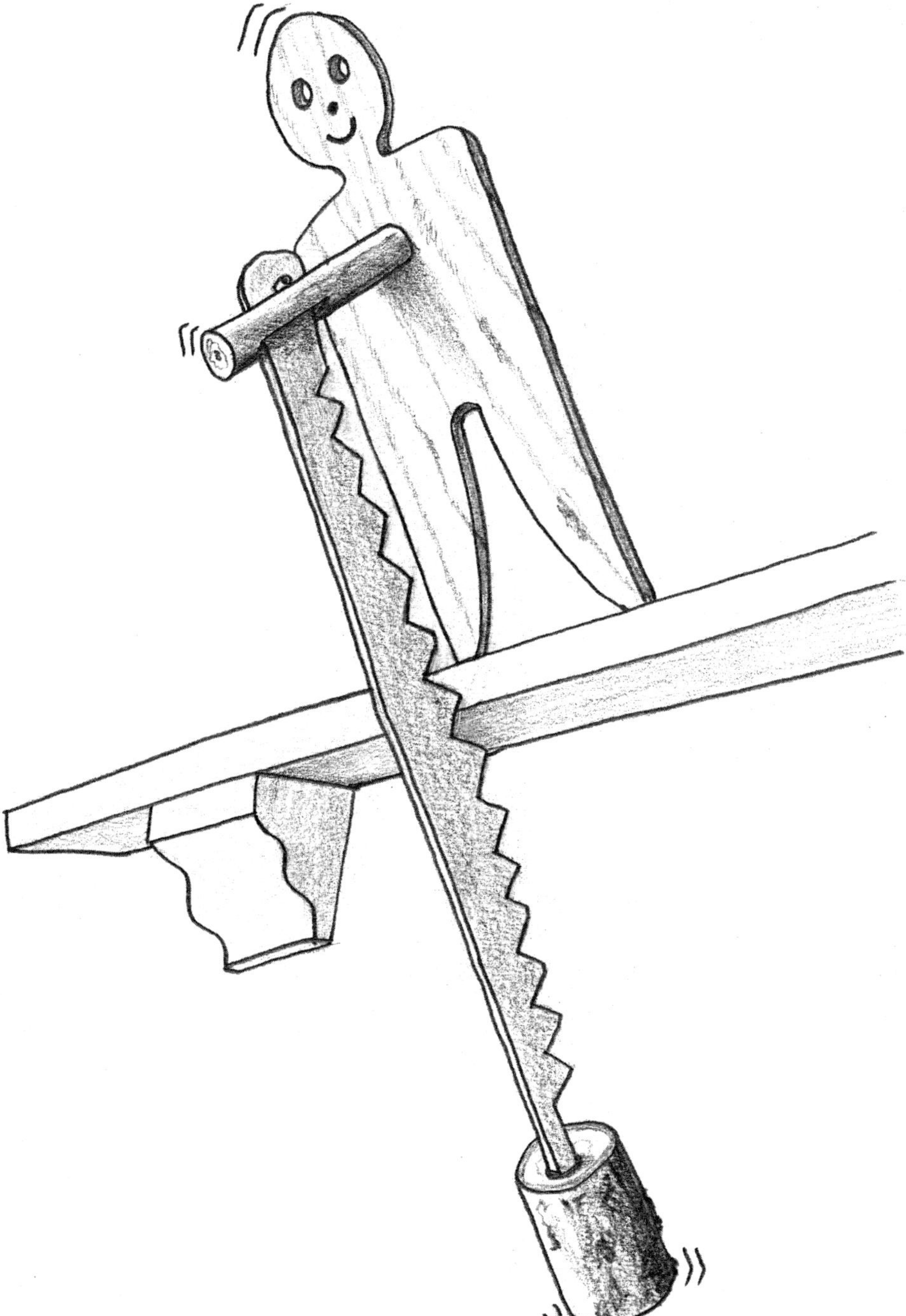

Le bateau à réaction

Matériaux. Un oeuf de poule. Une planchette d'environ 15 x 5 x 1 cm. Quatre pointes de 50 mm. Une bougie.

Outils. Couteau, scie, poinçon.

Réalisation. Découper la planchette en forme de bateau. Si l'on veut un gouvernail, le fabriquer avec un morceau de planchette où sera plantée une baguette fine. Percer le pont du bateau, et y coincer la baguette du gouvernail. Couper les têtes des pointes et les planter en carré, pour supporter l'oeuf. Préparer l'oeuf ; le percer aux deux bouts avec le poinçon, le vider en soufflant. Reboucher le trou côté extrémité arrondie. On peut coller une petite paille dans le trou, côté pointu. Couper deux portions très courtes de bougies.

Utilisation. Verser quelques centimètres cubes d'eau dans l'oeuf, et le déposer sur les pointes. Mettre les bougies en place et les allumer. Mettre le bateau à l'eau (il faut choisir un jour sans vent). Au bout d'un certain temps, de la vapeur fuse par le trou de l'oeuf, et le bateau démarre.

Lo batèu de reaccion

Material. *Un uòu de galina. Una postarèla de 15 x 5 x 1 cm, pauc o pro. Quatre ponchas de 50 mm, una candela.*

Esplechs. *Cotèl; ressa; ponchon.*

Realisacion. *Talhar la postarèla en fòrma de batèu. Se l'òm vòl una empenta, la fabricar amb un tròç de postarèla qu'una bagueta fina i serà plantada. Traucar lo pont del batèu, e i conhar la bagueta de l'empenta. Estetar las ponchas e las plantar en cairat, per suportar l'uòu. Alestir l'uòu : lo traucar als dos caps amb lo ponchon; lo voidar en bufar. Tornar tapar lo trauc del costat del cap arredondit. Se pòt pegar una pichona palha dins lo trauc, costat ponchut. Copar dos tròces plan corts de candela.*

Utilisacion. *Abocar qualques centimètres cubes d'aiga dins l'uòu, e lo despausar sus las ponchas. Botar las candelas en plaça e las alucar. Botar lo batèu a l'aiga (cal causir un jorn sens vent). Al cap de qualque temps, de la vapor fugís pel trauc de l'uòu, e lo batèu s'amòda.*

La pompe à eau

Matériaux. Un tronçon de bambou de bon diamètre, et un autre très fin. Un morceau de gitolle. De l'élastique de chambre à air. Du fil. Du coton hydrophile. Une bille métallique de roulement à billes. Un bol.

Outils. Le couteau, des poinçons, des ciseaux.

Réalisation. Découper le corps de la pompe en conservant un noeud solide dans le bas. Perforer ce noeud d'un trou bien rond et sans bavure, plus petit que la bille métallique. Perforer en biais le corps de la pompe pour y fixer le bec qui sera maintenu par l'élastique. Pour faire le piston, enrouler et ligaturer avec du fil un peu de coton au bout de la gitolle.

Utilisation. Plonger la pompe dans le bol plein d'eau. Actionner le piston : il se produit une aspiration et un refoulement.

La pompa d'aiga

***Material**. Un tròç de bambó de bon diamètre, e un autre plan fin. Un tròç de giscla. D'elastica de cambra d'aire. De fil. De coton idrofil. Una bilha metalica de rotlament de bilhas. Un bòl.*

***Esplechs**. Lo cotèl, de ponchons, de cisèls.*

***Realisacion**. Talhar lo còs de la pompa en servar un nosèl solide dins lo debàs. Traucar aqueste nosèl plan redond e sens barba, mai pichon que la bilha metalica. Traucar de biais lo còs de la pompa per i fixar lo bèc que serà mantengut per l'elastica. Per faire lo piston, enrotlar e ligar amb de fil, un pauc de coton al cap de la giscla.*

***Utilisacion**. Cabussar la pompa dins lo bòl plen d'aiga. Cachar sul piston : se produsís una apiracion e un refolament.*

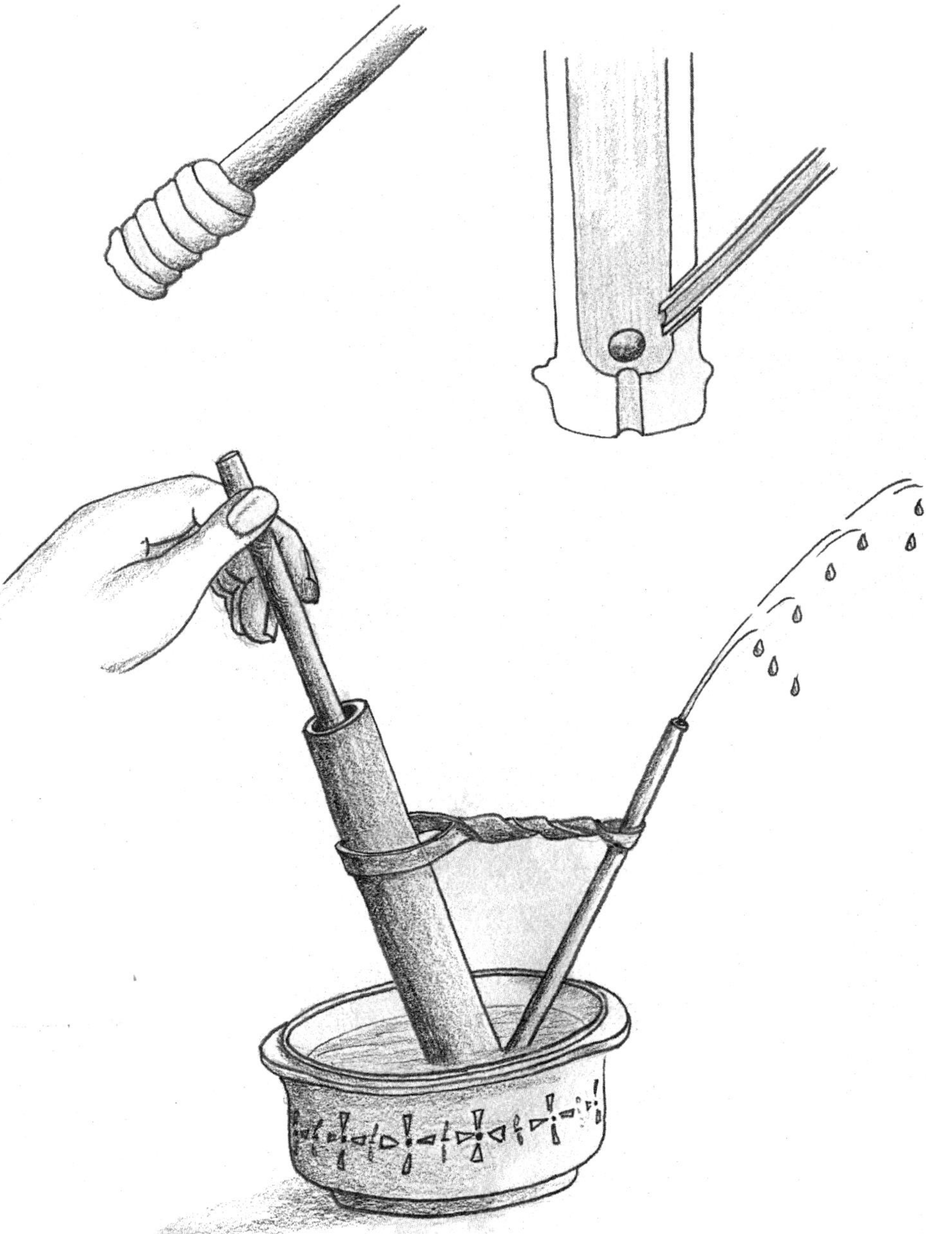

Le cheval de bois

Matériaux. Des planchettes de cagettes de fruits. Une longue gitolle terminée par une fourche assez solide. Des tronçons de gitolle. Un tube de bambou ou de roseau.

Outils. Le couteau, scie fine, poinçons.

Réalisation. Découper la silhouette du cheval, par exemple en s'inspirant d'un jeu d'échecs. Découper la roue. Pratiquer une encoche dans le haut du manche, y cheviller la tête. Fixer la roue dans la fourche en la centrant avec des tronçons de bambou.

Utilisation. Enfourcher le cheval et courir en faisant rouler la roue sur le sol.

Lo cabalet

Material. *De postarèlas de gabiòtas de fruchas. Una longa giscla amb una forca pro solida a la poncha. De tròces de giscla. Un tudèl de bambó o de canavera.*

Esplechs. *Lo cotèl, ressa fina, ponchons.*

Realisacion. *Talhar la siloèta de la cabala, en s'inspirar per exemple d'un jòc d'escac. Talhar la ròda. Praticar una òsca dins lo denalt del margue, i cavilhar lo cap. Fixar la ròda dins la forca en la centrar amb de tròces de bambó.*

Utilisacion. *Enforcar la cabala e córrer en faire redolar la ròda sul sòl.*

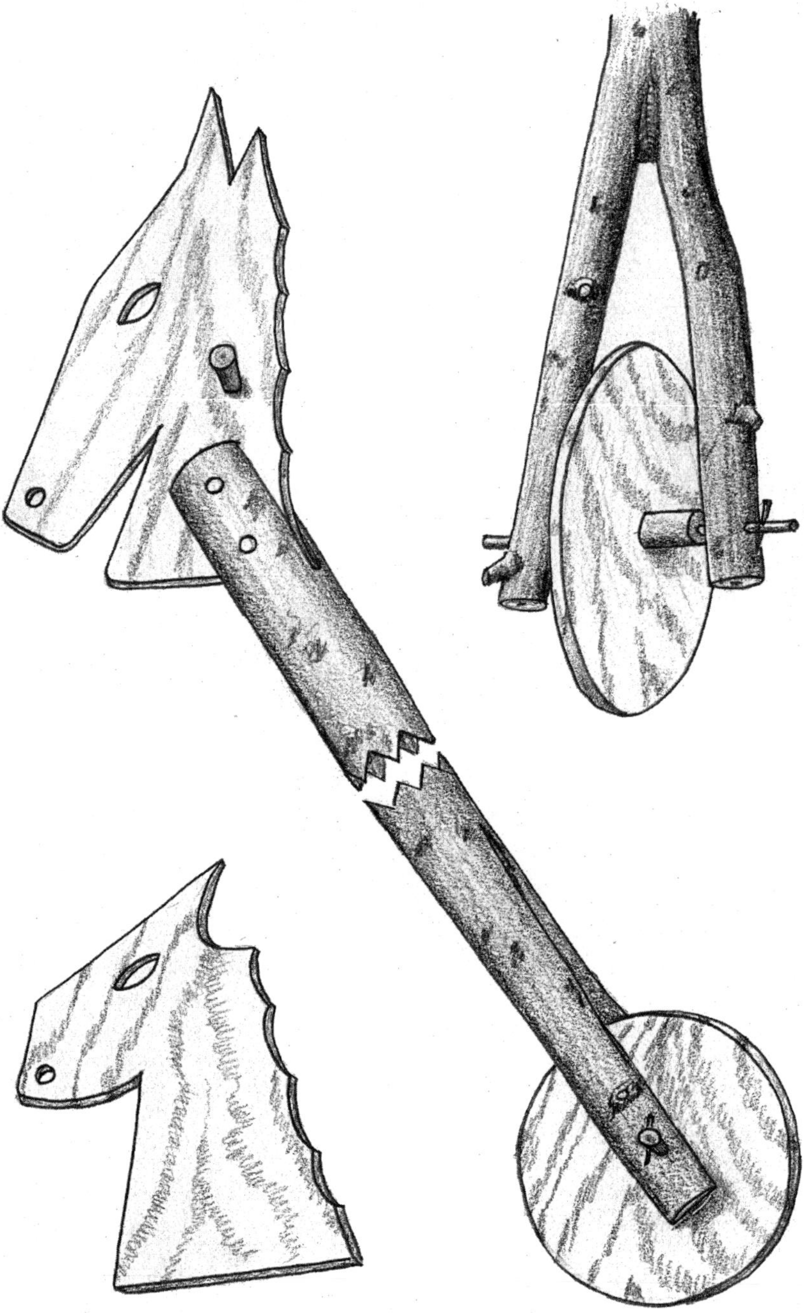

L'hygromètre à pigne

Matériaux. Une baguette de bois lourd. Une planchette de cageot de fruits. Une pomme de pin. Une tube de roseau fin. Du fil de fer. Du fil à coudre. Une vis à bois. Une épingle à tête.

Outils. Le couteau, poinçon, pinces.

Réalisation. A la pointe du couteau, découper le rectangle, puis le cercle à partir d'un carré. Faire l'aiguille dans le bois lourd. Percer le trou et entailler la gorge et fixer le fil avec l'épingle à tête. Aplanir au couteau le fond de la pigne, et la fixer à la plaque à l'aide de la vis. Coller le cercle. Perforer l'ensemble et dans le trou, coller l'axe de l'aiguille qui sera maintenue par un petit tronçon de roseau. Perforer une écaille de la pigne, et y fixer le fil dont on réglera la longueur par tâtonnement.

Utilisation. Suspendre l'hygromètre. La pigne s'ouvre en période sèche et se ferme en période humide. Le temps de réaction est de plusieurs heures.

L'igromètre de pinha

***Material**. Una bagueta de bòsc pesat. Una postarèla de gabiòta de fruchas. Una pinha. Un tudèl de canavera fin. De fil de fèrre. De fil de cóser. Una vitz de bòsc. Una espilla de testa.*

***Esplechs**. A la poncha del cotèl, talhar lo rectangle, puèi lo ceucle en partir d'un cairat. Faire l'agulha dins lo bòsc pesat. Traucar e entalhar la garganta e fixar lo fil amb l'espilla de testa. Aplanhierar al cotèl lo fons de la pinha, e la ficar a la plaça en s'ajudar de la vitz. Pegar lo ceucle. Traucar l'ensemble e dins lo trauc, pegar l'axe de l'agulha que serà mantenguda per un pichon tròç de canavera. Traucar una estèla de la pinha, e i fixar lo fil que se ne reglarà la longor a paupas.*

***Utilisacion**. Suspendre l'igromètre. La pinha se duèrb en periòde sec e se replega en periòde moste. Lo temps de reaccion es de maitas oras.*

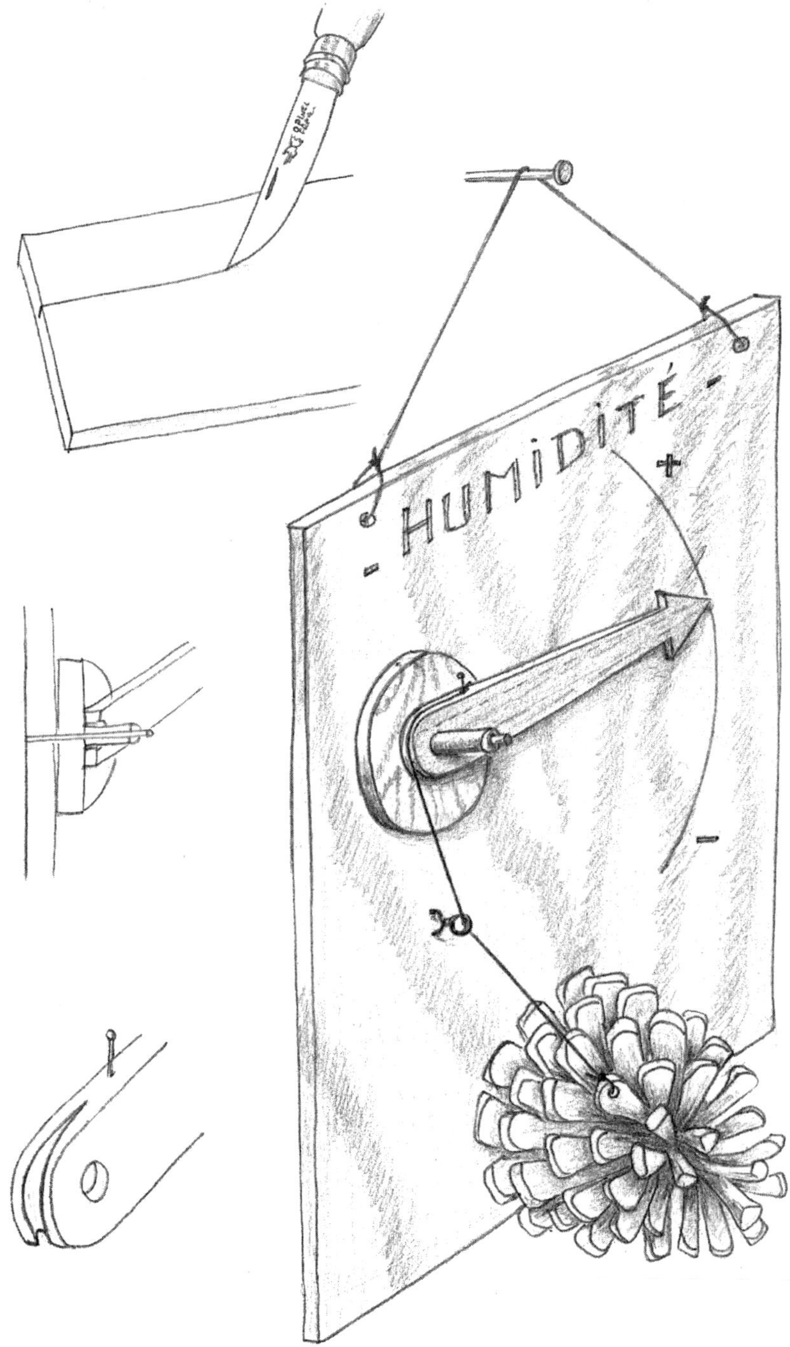
- HUMIDITÉ -
+
-

Les chevaliers

Matériaux. Deux bouchons de champagne avec leur muselet. Environ 1 m de fil de fer à tendre le linge. Un tube de roseau. Du bambou. De la colle.

Outils. Le couteau, des pinces, un poinçon en gros fil de fer.

Réalisation. Coller les muselets. Dessiner les traits des visages au fer rouge. Perforer le passage des lances. Faire une fine entaille horizontale pour le ressort. Faire une fente au milieu du tube de roseau, dans l'épaisseur du bois, destinée à recevoir le ressort. Le ressort sera fait d'une très fine éclisse de bambou, qui doit soutenir les bouchons, mais plier au moindre mouvement. Plier le fil de fer pour façonner la première roue. Passer le bout du fil de fer dans le tube. Façonner la seconde roue. Fixer les chevaliers, en recherchant l'équilibre.

Utilisation. Faire rouler l'ensemble : les chevaliers se mettent à ferrailler. Si les roues ne sont pas trop rondes, les chevaliers s'activent mieux.

Los cavalièrs

Material. *Dos taps de champanhe amb lor morralhon. Un mètre de fil de fèrre d'escartar la bugada, pauc o pro. Un tudèl de canavera. De bambó. De pega.*

Esplechs. *Lo cotèl, de pinças, un ponchon de fil de fèrre gròs.*

Realisacion. *Pegar los morralhons. Dessenhar los trachs de las caras al fèrre roge. traucar lo passage de las lanças. Faire una entalha orizontala fina pel ressòrt. Faire una fenda al mièg del tudèl de canavera, dins l'espessor del bòsc, prevista per recèbre lo ressòrt. Lo ressòrt serà fach d'una estèla fina de bambó, que deu sosténer los taps, mas plegar pas al mendre movement. Plegar lo fil de fèrre per faiçonar la primièra ròda. Passar lo cap del fil de fèrre dins lo tudèl. Faiçonar la segonda ròda. Fixar los cavalièrs, en cercar l'equilibre.*

Utilisacion. *Faire rotlar l'ensemble : los cavalièrs se meton a ferralhar. Se las ròdas son pas redondas de tròp, los cavalièrs se bolegan mièlhs.*

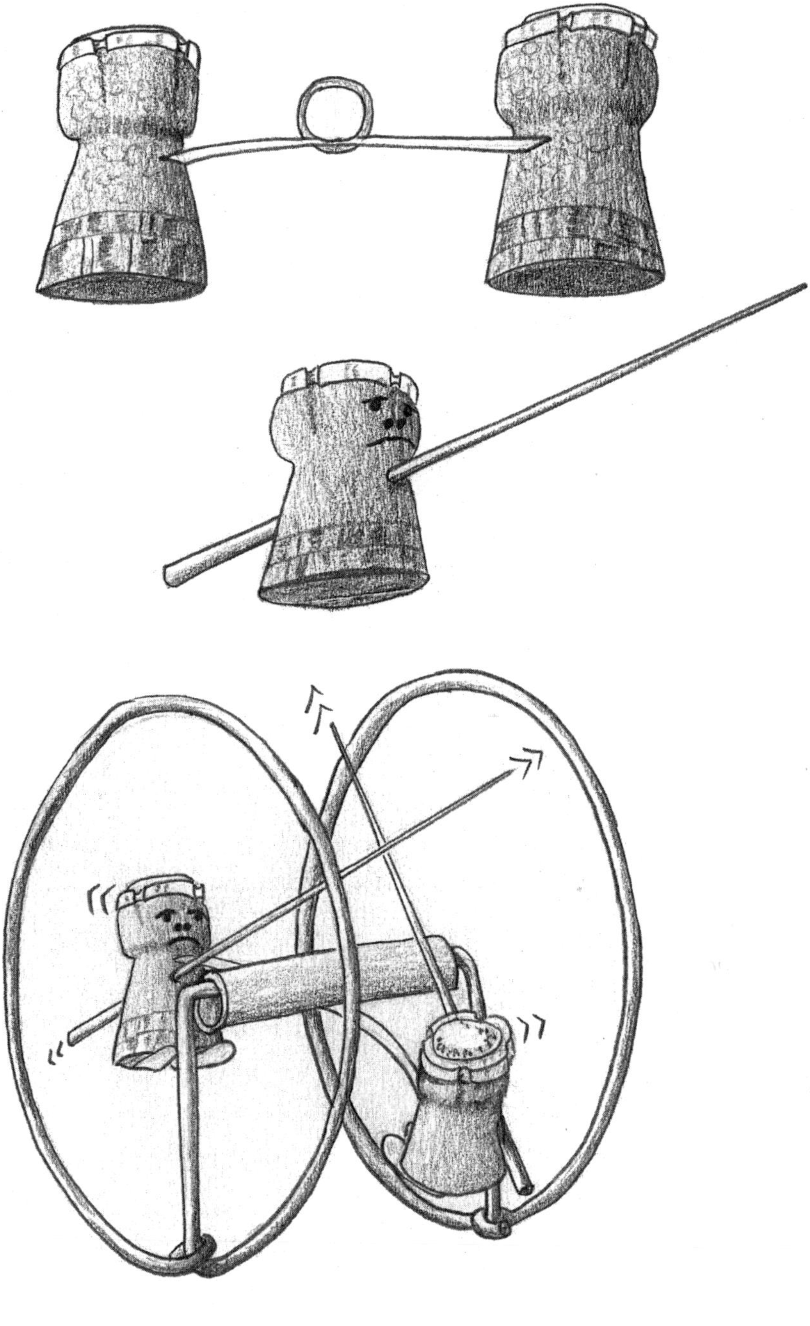

La garaya *

Matériaux. Une noix de coco. Un bois rond très droit et assez long. Deux anneaux de métal ou de bambou ajustés au diamètre du manche. Deux cordes métalliques d'instrument de musique. Une vessie de porc. Un morceau de bois dur. Une pointe. De la colle.

Outils. Le couteau, scie fine, poinçons, pinces.

Réalisation. Faire le manche en y façonnant un bout, de diamètre plus petit, et décentré. Scier la noix aux deux tiers, la nettoyer et la perforer de deux trous pour le manche. Coller le manche. Coller la vessie de porc humide. Mettre en place les anneaux, et fixer les cordes aux deux extrémités. Fabriquer et poser les sillets (caisse et manche). Accorder en faisant coulisser les anneaux.

Utilisation. Instrument de musique.

* Nom donné au Nigéria.

*La garalhà**

Material. *Una nose de cocò. Un bòsc redond plan drech e pro long. Dos annèls de metal o de bambó ajustats al diamètre del margue. Doás còrdas metalicas d'enstrument de musica. Una petega de pòrc. Un tròç de bòsc dur. Una poncha. De pega.*

Esplechs. *Lo cotèl; ressa fina; ponchons; pinças.*

Realisacion. *Faire lo margue en i faiçonar un cap, de diamètre mai pichon e decentrat. Ressar la nose als 2/3, la curar e la traucar de dos traucs pel margue. Pegar lo margue. Pegar la petega de pòrc mosta. Botar en plaça los annèls, e fixar las còrdas als dos caps. Fabricar e pausar los silhets (caissa e margue). Acordar en faire lisar los annèls.*

Utilisacion. *Enstrument de musica.*

* *Nom donat al Nigerià.*

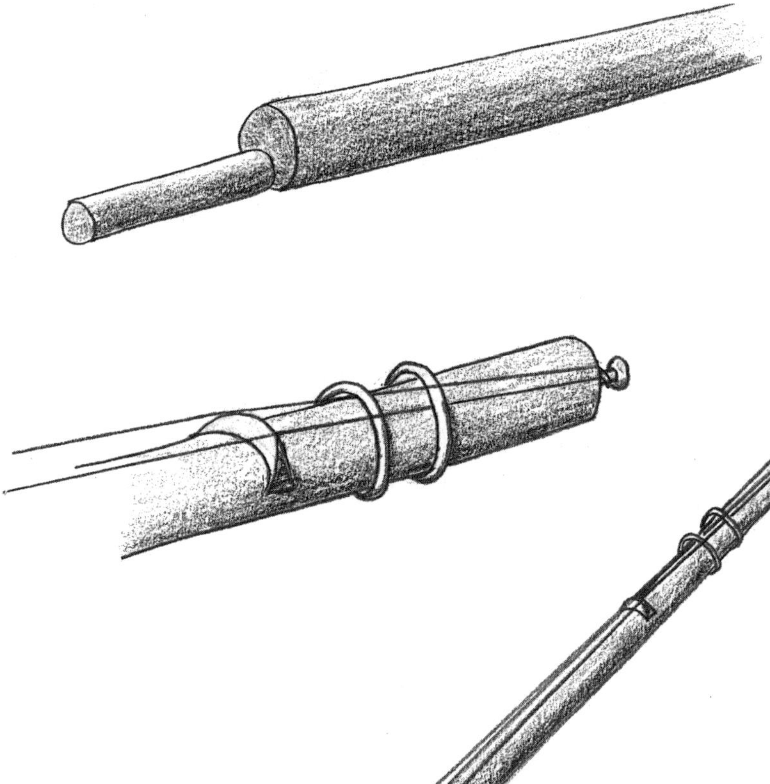

Le clown équilibriste

Matériaux. Un rondin de bois (diamètre d'environ 7 à 8 cm). Du papier à dessin fort. Une baguette de bambou. Morceaux de latte de bois lourd. De la colle.

Outils. Le couteau, une scie, une vrille, des ciseaux, des marqueurs feutres.

Réalisation. Scier une large roue dans le rondin. La perforer en son centre (on peut aussi décentrer l'axe). Découper le personnage et le colorier selon dessin, sur les deux faces. Fabriquer une baguette bien longue et bien lisse, qui coulissera facilement dans le trou de la roue. Scier deux tronçons de latte et y pratiquer des encoches ou sera collée la baguette. On peut lester ces contre-poids, en cas de besoin. Coller le personnage (faire des pieds de chaque côté). Pour rigidifier le personnage, on peut pratiquer des plis longitudinaux sur les jambes.

Utilisation. Lancer le clown sur une pente ; l'ensemble doit rouler, et le bonhomme doit toujours se tenir droit, grâce au contre-poids.

Lo palhassa equilibrista

Material. *Un rolhet de lenha (diamètre de 7 o 8 cm, pauc o pro). De papièr de dessenhar fòrt. Una bagueta de bambó. Tròces de lata de bòsc pesat. De pega.*

Esplechs. *Lo cotèl, una ressa, un virolet, de cisèls, de marcaires de futre.*

Realisacion. *Ressar una ròda larga dins lo rodet. La traucar dins son centre (se pòt tanben decentrar l'axe). Decopar lo personatge e lo colorar en segre lo dessenh, sus las doás fàcias. Fabricar una bagueta plan longa e plan lisa, que lisarà facilament dins lo trauc de la ròda. Ressar dos tròces de lata e i praticar d'òscas que la bagueta i serà pegada (aquestes contrapés se pòdon saurrar, se fa besonh). Pegar lo personatge (faire de pès de cada pam). Per far lo personatge mai redde se pòt faire de plecs dins la longor de las cambas.*

Utilisacion. *Lançar lo palhassa sus un pendís; l'ensemble deu rotlar, e lo bonòme deu totjorn téner quilhat, gràcias al contrapés.*

Le zig-zag

Matériaux. Du contre-plaqué de cagette de fruits. Du fil de fer fin.

Outils. Le couteau, une petite scie à découper, un poinçon fin, des pinces fines.

Réalisation. Avec la pointe bien aiguisée du couteau (à la rigueur avec la scie, mais ce n'est pas plus facile), découper le personnage et marquer ses traits au fer rouge. Découper les divers éléments, et les perforer avec le poinçon fin : les distances entre les trous doivent être identiques. Fabriquer les agrafes et les fixer en recourbant les pointes qui seront enfoncées dans le bois.

Utilisation. Faire bondir le personnage en rapprochant brusquement les deux baguettes tenues en mains.

La ziga-zaga

Material. *De contraplacat de gabiòta de fruchas. De fil de fèrre fin.*

Esplechs. *Lo cotèl, una pichona ressa de decopar, un ponchon fin, de pinças finas.*

Realisacion. *Amb la poncha plan afilada del cotèl (a la rigor amb la ressa, mas quò's pas de melhor far), decopar lo personatge e marcar sos trachs al fèrre roge. Decopar los elements divèrs e los traucar amb lo ponchon fin : las distàncias entre los traucs devon èstre identicas. Fargar los croquets e los fixar en rebicar las ponchas que seran plantadas dins lo bòsc.*

Utilisacion. *Faire sautar lo personatge en aturar sobte las doás baguetas tengudas en man.*

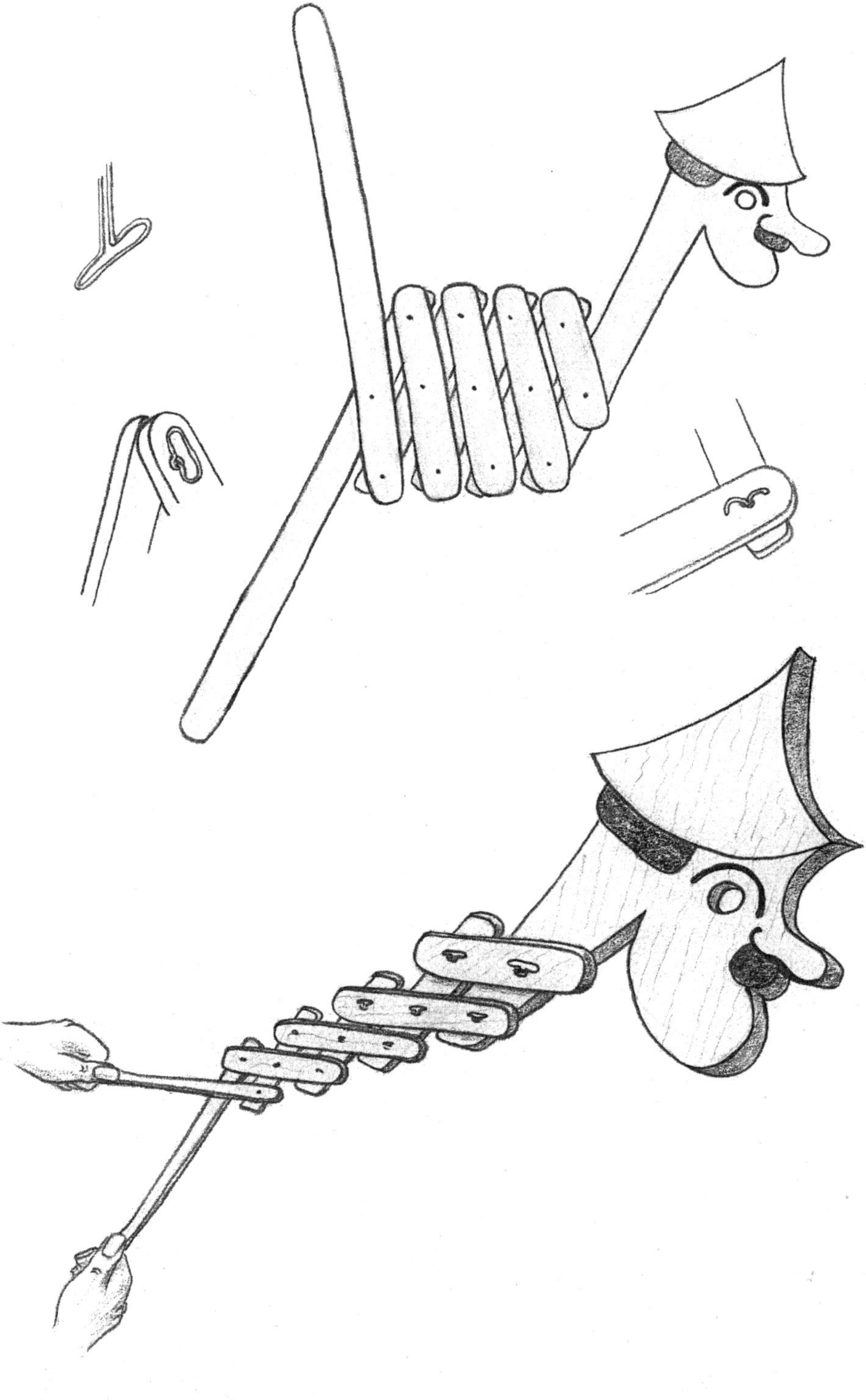

Le carrousel

Matériaux. Une planchette dure de cagette de fruits. Une gitolle assez longue. Des tubes de roseaux.

Outils. Le couteau, une scie, des poinçons.

Réalisation. Perforer le scion du côté de son plus fort diamètre ; y fixer l'axe de la roue. Perpendiculairement, faire un trou plus petit (qui jouxtera l'axe de la roue) ; y fixer l'axe du disque. Maintenir le tout avec de la colle. Découper la roue et le disque et les décorer au fer rouge. Fixer au centre du disque un tronçon de roseau où passera l'axe, avec un peu de jeu.

Utilisation. C'est un poussoir : lorsque la roue tourne sur le sol, elle entraîne le disque par frottement.

Lo carrosèl

Material. *Una postarèla dura de gabiòta de fruchas. Una giscla pro longa. De tudèls de canavera.*

Esplechs. *Lo cotèl; una ressa; de ponchons.*

Realisacion. *Traucar la giscla del costat de son diamètre lo mai fòrt; i fixar l'axe de la ròda. A l'escaire, faire un trauc mai pichon (al ras de l'axe de la ròda); i fixar l'axe del disc. Manténer lo tot amb de pega. Decopar la ròda e lo disc e los decorar al fèrre roge. Fixar al centre del disc un tròç de canavera que l'axe i passarà, amb un pauc de jòc.*

Utilisacion. *Quò's un butador : quand la ròda vira sul sòl, entraina lo disc per fretament.*

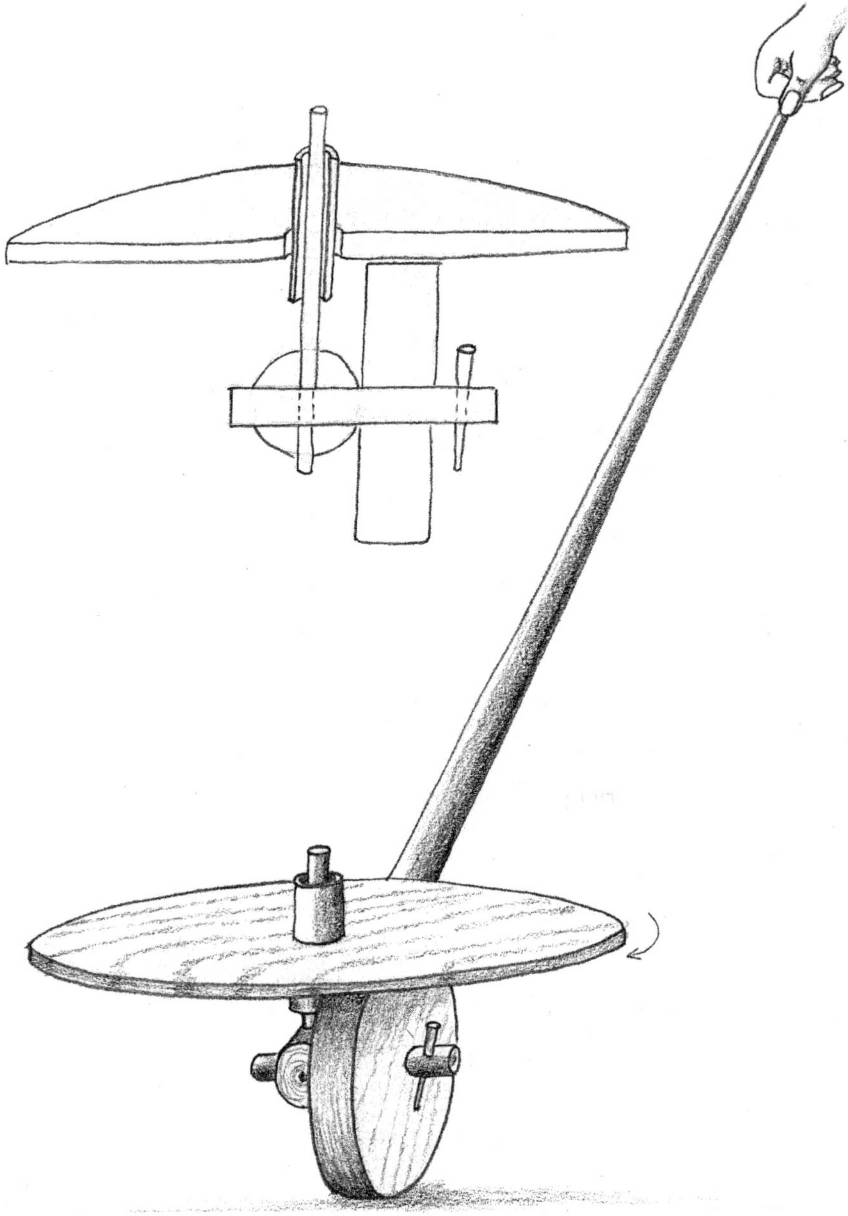

Le crocodile articulé

Matériaux. De la planchette rigide (sapin) de cagette de fruits. Une gitolle d'un diamètre d'environ 2 à 3 cm, et une autre très fine. Des tubes en roseau. Du fil de fer fin.

Outils. Le couteau, une scie à découper, des poinçons à faire rougir au feu.

Réalisation. Découper les deux parties du corps dans la planchette (pour plus de commodité, la partie relevée de la queue peut être découpée à part et collée). Perforer la planchette pour l'oeil et pour la gueule avec le poinçon rougi au feu. Scier les roues dans la grosse gitolle. Les monter sur essieux (gitolle fine) en les écartant du corps à l'aide de tronçons de tube de roseau. Ménager un jeu assez important. Veiller à placer les essieux au tiers de la longueur des demi-corps, afin de créer le déséquilibre qui assurera la démarche caractéristique du crocodile. Pour l'articulation du corps, fabriquer des charnières avec le fil de fer fin.

Utilisation. Fixer une ficelle à la gueule du crocodile et le faire rouler sur le sol : il avance en se contorsionant.

Lo crocodil articulat

***Material**. De postarèla rigida (sapin) de gabiòta de fruchas. una giscla d'un diamètre de 2 a 3 cm, pauc o pro, e una autra plan fina. De tudèls de canavera. de fil de fèrre fin.*

***Esplechs**. Lo cotèl; una ressa de decopar; de ponchons de faire rogir al fuòc.*

***Realisacion**. Decopar las doás partidas del còs dins la postarèla (per mai de comoditat, la partida relevada de la coèta pòt èstre decopada a despart e pegada). Traucar la postarèla per l'uèlh e per la gula amb lo ponchon rogit al fuòc. Ressar la ròda dins la gròssa giscla. Las montar sus ais (giscla fina) en las escartar del còs en s'ajudar de tròces de tudèls de canavera. Mainajar pro de jòc. Velhar de plaçar los ais al tèrç de la longor dels mièg-còs, pr'amor de crear lo desequilibre qu' assegurarà l'anar caracteristique del crocodile. Per l'articulacion del còs, fabricar de gafetons amb lo fil de fèrre fin.*

***Utilisacion**. Fixar una ficèla a la gula del crocodile e faire redolar sul sòl : avança en se degaunhar.*

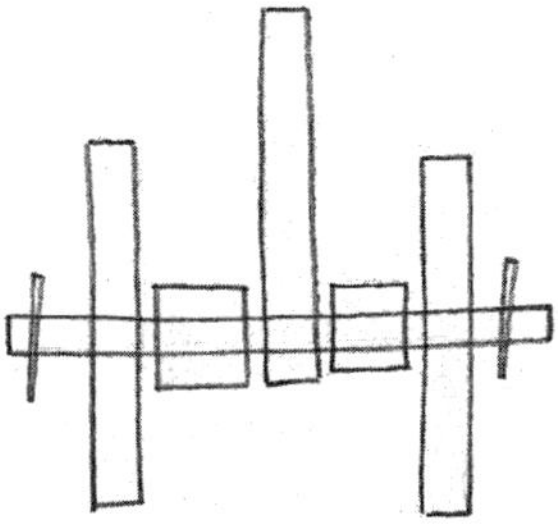
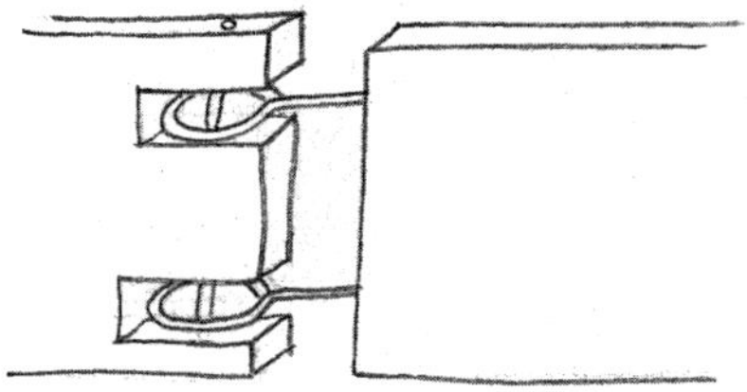
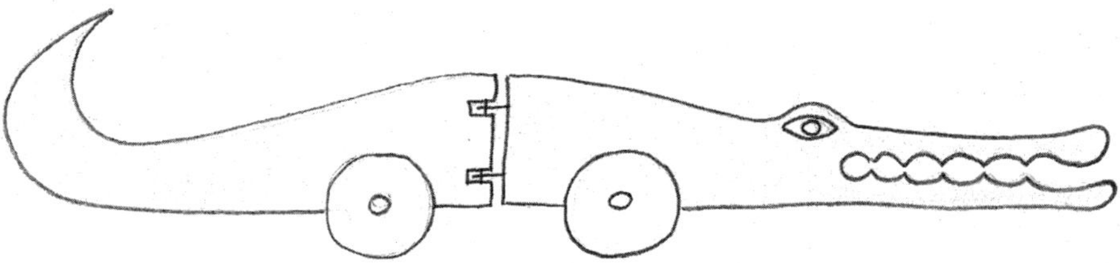
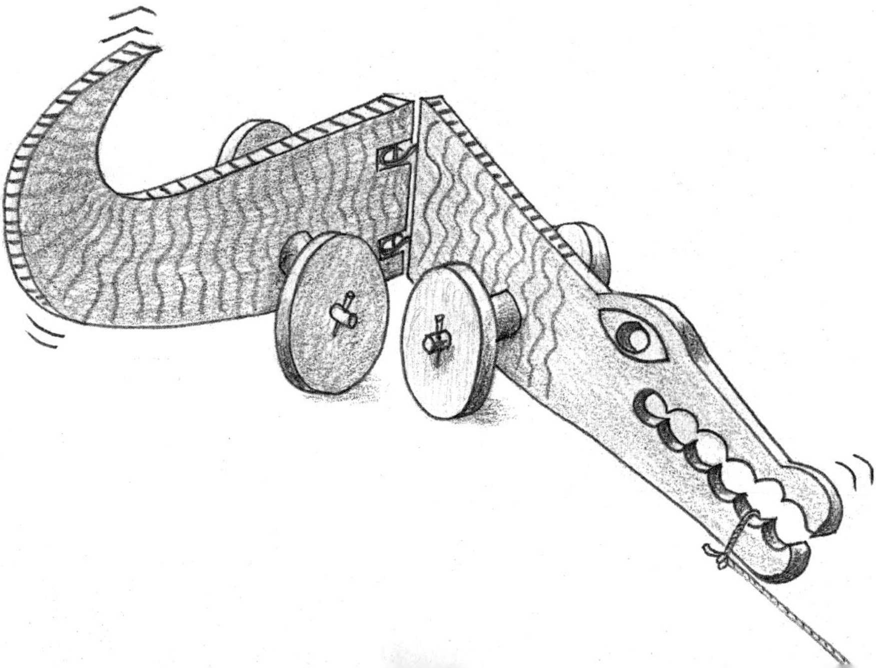

Les pointes croisées

Matériaux. Deux pointes de bonne taille.

Outils. Deux paires de pinces, réchaud à gaz.

Réalisation. Porter les pointes au rouge en leur milieu, et les tordre selon le dessin. L'espace entre les deux bouts croisés doit être légèrement inférieur au diamètre de la pointe. Les deux pointes doivent être tordues dans le même sens.

Utilisation. Il s'agit d'enchaîner les deux maillons ou de les séparer. Pour cela on fait tourner les deux pointes autour de l'espace restant entre les deux bouts croisés.

Las ponchas crosadas

Material. *Doás ponchas de bona talha.*

Esplechs. *Dos parelhs de pinças, rescaufaire de gaz.*

Realisacion. *Portar las ponchas al roge dins lor mitan, e las tòrcer en sègre lo dessenh. L'espaci entre los dos caps crosats deu èstre leugièrament inferior al diamètre de la poncha. Las doás ponchas devon èstre torçudas dins lo mème sens.*

Utilisacion. *S'agís d'encadenar los dos malhons o de los desseparar. Per aquò, òm fa virar las doás ponchas al torn de l'espaci restant entre los dos caps crosats.*

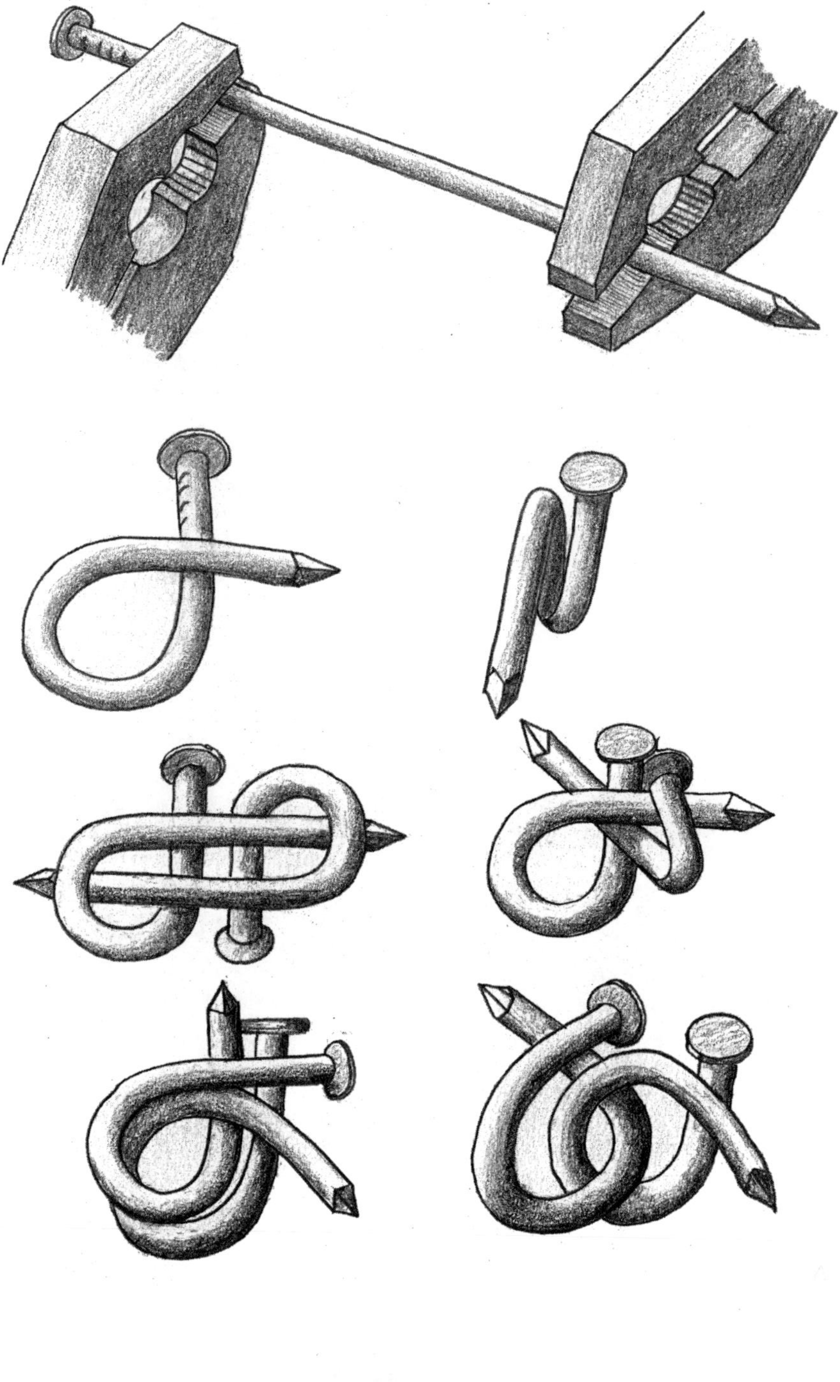

La sanza *

Matériaux. Une planchette de bois sonore (pin, sapin, etc), d'environ 20 x 15 cm. Du bambou bien sec. De la ficelle. De la colle.

Outils. Le couteau, un poinçon.

Réalisation. Fendre dans le bambou des lamelles fines (1mm), en conservant si possible la partie lisse extérieure du bois (la plus dure). Fabriquer les deux sillets, de section triangulaire. Découper la planche selon dessin, et y pratiquer les trous. Avec la ficelle, attacher très fermement les lamelles, d'épaisseur et de largeur croissantes. Coller ou attacher les sillets. Pour accorder l'instrument, partir d'une note de base, et procéder par tâtonement : déplacer, interchanger, ou modifier les dimensions des lamelles. On peut faire une caisse de résonnace sous la planchette.

Utilisation. On joue avec le pouce.

* Nom donné en Côte d'Ivoire.

La sanzà

Material. *Una postarèla de bòsc sonòre (pin, sapin, e çò autre), de 20 x 15 cm, pauc o pro. De bambó plan sec. De ficèla e de pega.*

Esplechs. *Lo cotèl; un ponchon.*

Realisacion. *Fendre dins lo bambó de lamelas finas (1 mm), en servar se possible lo tròç lise del defòra del bòsc (lo mai dur). Fabricar los dos selhets de seccion triangulària. Talhar la pòst en segre lo dessenh, e i praticar los traucs. Amb de ficèla estacar plan sarrat las lamelas, de tal biais que lor espessor e lor larjor creissesson. Pegar o estacar los selhets. Per acordar l'enstrument, partir d'una nòta de basa, e procedir a paupas : deplaçar, escambiar o modificar las dimensions de las lamelas. Om pòt ficar una caissa de resson jos la postarèla.*

Utilisacion. *Om jòga amb lo det gròs.*

**Nom donat en Còsta d'Ivòri.*

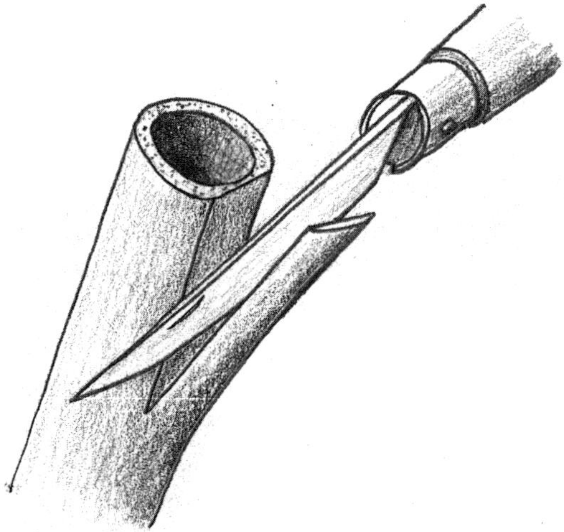
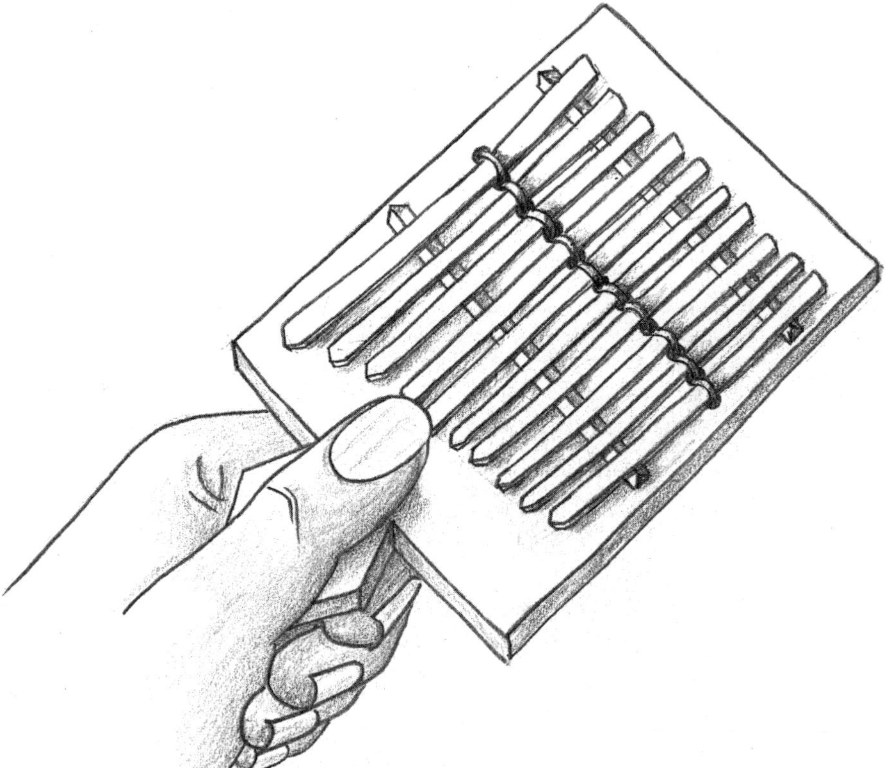

Le roulet *

Matériaux. Une longue gitolle de noisetier, châtaignier ou roseau, bambou, etc... De petits tronçons de bambou, roseau ou sureau. De la planchette de cagette de fruits. Du fil de fer fin.

Outils. Le couteau, des pinces, un gros poinçon.

Réalisation. Découper la roue et les bielles du roulet. Les perforer avec un poinçon assez gros pour que le trou permette le passage d'un axe en bambou. Fixer avec des agrafes en fil de fer passées dans l'axe en bambou. Mettre des rondelles pour maintenir l'écartement lorsque c'est nécessaire. Lorsque l'agrafe est fixée, en replier les pointes vers l'intérieur, et les faire pénétrer dans le bois.

Utilisation. Système du poussoir africain : la roue tourne sur le sol, et la bielle décrit une ellipse.

* Nom donné à Dakar.

Lo rolet

Material. *Una longa giscla d'avelanièr, castanhièr o canavera, bambó e çò autre... De pichons tròces de bambó, cavera o sambuc. De postarèla de gabiòta de fruchas. De fil de fèrre fin.*

Esplechs. *Lo cotèl; de pinças; un gròs ponchon.*

Realisacion. *Talhar la ròda e las bièlas del rolet. Las traucar amb un ponchon pro gròs pr'amor que lo trauc permete lo passatge d'un axe de bambó. Botar de rondèlas per manténer l'escartament quand es necessari.. Fixar amb de croquets de fil de fèrre passats dins l'axe de bambó. Quand lo croquet es fixat, ne replegar las ponchas deval dedins, e las faire dintrar dins lo bòsc.*

Utilisacion. *Sistèmi del butador african : la ròda vira sul sòl, e la bièla fa una elipsa.*

**Nom donat a Dakar.*

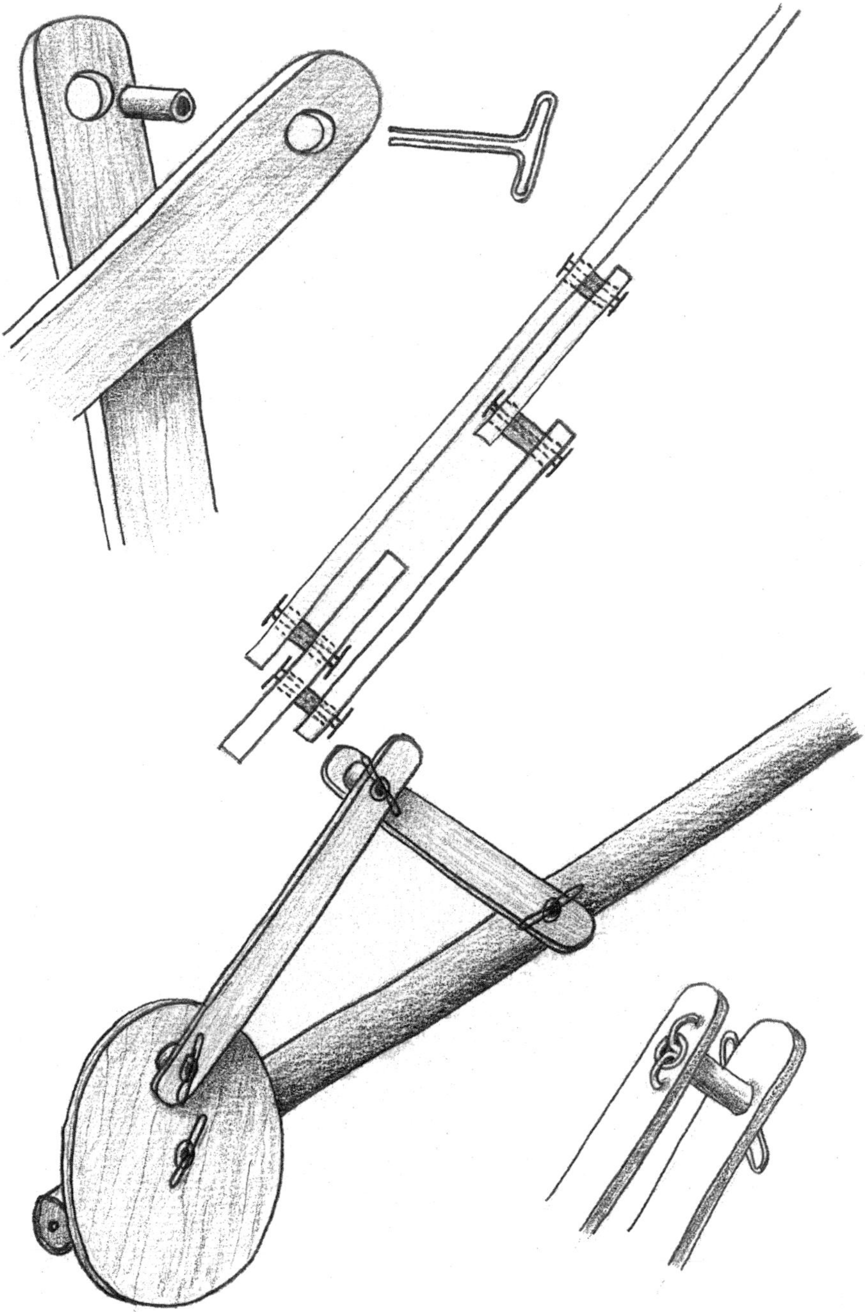

L'avion à la poulie

Matériaux. Un tube de bambou ou de roseau, ou de sureau. Une planchette (cagette de fruits). Un bouchon de liège. Du fil. De la colle.

Outils. Le couteau. Poinçon à faire rougir au feu.

Réalisation. Couper le tube pour le fuselage ; y faire une échancrure. Découper une planchette pour les ailes et d'autres pour la queue, les coller. Boucher les deux extrémités du tube avec des bouchons taillés à la dimension. Les perforer au fer rouge. Tailler la fine baguette ronde de bois dur (bambou) qui supportera l'hélice, et autour de laquelle s'enroulera le fil. La mettre en place. Coller l'hélice et la rondelle d'arrêt à l'arrière. Chercher le point d'équilibre de l'avion, et perforer à cet endroit. Passer le fil dans le trou et l'enrouler une ou deux fois autour de l'axe.

Utilisation. Tendre verticalement le fil attaché aux deux bouts. Faire monter et descendre l'avion : l'hélice tourne.

L'avion de carrèla

Material. *Un tudèl de bambó o de canavera, o de sambuc. Una postarèla (gabiòta de fruchas). Un tap de lèuge. De fil. De pega.*

Esplechs. *Lo cotèl. Ponchon de faire rogir al fuòc.*

Realisacion. *Copar lo tudèl per i faire lo fuselatge; i faire una òsca. Talhar una postarèla per las alas e maitas per la coá; las pegar. Tapar los dos caps del tudèl amb de taps talhats a la dimension. Los traucar al fèrre roge. Talhar la bagueta fina redonda de bòsc dur (bambó) que portarà l'eliça, e que lo fil s'enrotlarà altorn. La botar en plaça. Pegar l'eliça e la rondela d'arrèst al darrièr. Cercar lo ponch d'equilibri de l'avion, e traucar a aquel endrech. Passar lo fil dins lo trauc e l'enrotlar un o dos còps altorn de l'axe.*

Utilisacion. *Far tibar verticalament lo fil estacat dels dos caps. Faire monta-davala amb l'avion : l'eliça vira.*

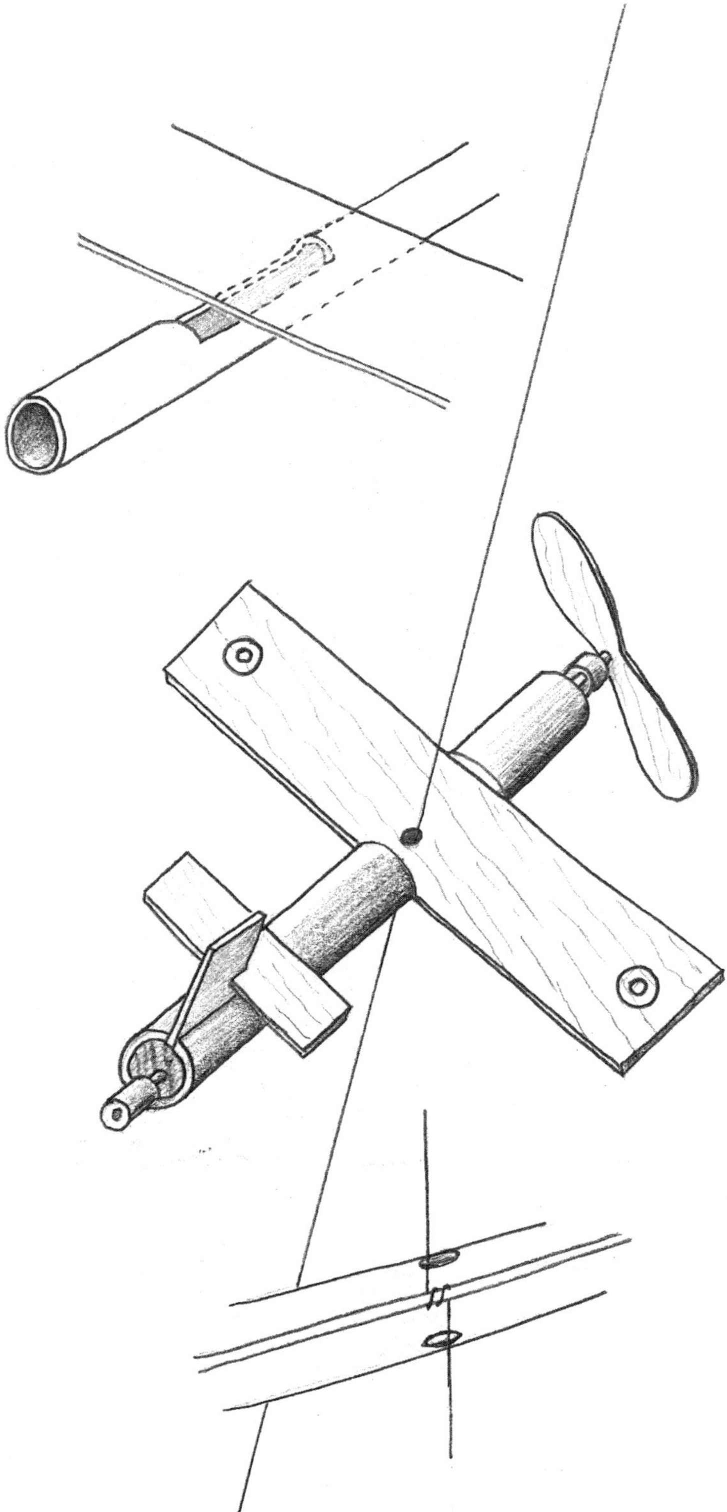

Les pantins automatiques

Matériaux. Deux tubes de roseau (plus léger que le bambou ou le sureau), minces (1cm de diamètre à peine), comportant un assez long tronçon entre deux noeuds (20cm environ). D'autres tronçons plus gros pour le corps des pantins et plus minces pour les bras. De la planchette de cagette de fruits. Des cupules de glands ou de faînes. Du mercure, car il est silencieux, ou des billes de roulements à billes. De la colle.

Outils. Le couteau.

Réalisation. Fabriquer les deux personnages. Mettre en place les bras, dans les trous, sans les coller au corps. Couper les tubes d'un côté, en leur donnant la même longueur. Nettoyer et aléser l'intérieur avec une petite baguette. Coller les personnages par les mains, aux tiers de la longueur des tubes. Lorsque la colle est sèche, rectifier la position des corps (cf. schéma pour l'inclinaison des pieds), en les faisant tourner autour des bras, puis les fixer par un point de colle. Introduire quelque billes dans chaque tube (rechercher l'équilibre) et reboucher.

Utilisation. Les pantins tiennent en équilibre, alternativement en l'air et au sol, grâce au contre-poids des billes qui se déplacent dans les tubes.

Las marionetas automaticas

Material. *Dos tudèls de canavera (mai leugièra que lo bambó o lo sambuc), teunes (1 cm de diamètre pas mai), portant un tròç pro long entre dos nosèls (20 cm, pauc o pro). Maites tròces mai gròs (pel còs de las marionetas) e mai teunes (pels braces). De postarèlas de gabiòta de fruchas. De cufèlas d'aglands o de feinas. De mercur qu'es silenciós o de bilhas de rotlament de bilhas. De pega.*

Esplechs. *Lo cotèl.*

Realisacion. *Fabricar los dos personatges. Botar en plaça los braces, dins los traucs, sens los pegar al còs. Copar los tudèls d'un pam, en lor donar la mèma longor. Curar e aleujar lo dedins amb una pichona bagueta. Pegar los dos personatges per las mans, al tèrç de la longor dels tudèls. Quand la pega es seca, corrijar la posicion dels còs (cf esquema per la clinason dels pès), en los faire virar altorn dels braces, puèi los fixar per un ponch de pega. Introdusir qualquas bilhas dins cada tudèl (cercar l'equilibre) e tornar tapar.*

Utilisacion. *Las marionetas tenon en equilibre, un còp l'una, un còp l'autra, dins l'aire e al sòl, gràcias al contrapés de las bilhas que se desplaçan dins los tudèls.*

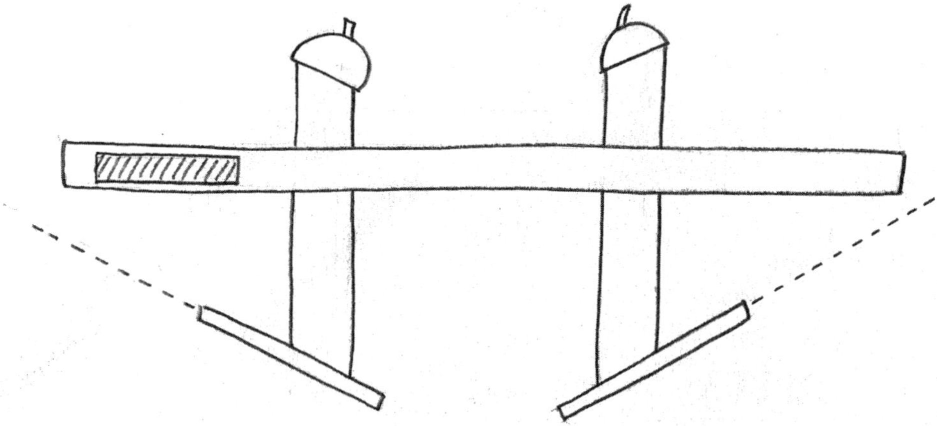

Le gymnaste

Matériaux. Une fourche à deux dents, bien ouverte (60 à 90°), par exemple, de noisetier, de bouleau, merisier, etc... Des baguettes de bambou. Petites gitolles. Planchette de cageot de fruits. Cupule de gland.

Outils. Le couteau. Poinçons. Deux épingles à tête. Colle.

Réalisation. Couper la fourche au ras du manche ; ne conserver que les deux dents auxquelles on donnera une longueur égale. Fendre par le milieu la dent qui figurera les jambes (pour retirer du poids). Pour équilibrer : piquer deux épingles à l'endroit où seront fixés les bras, le plus en avant possible, côté poitrine. Lorsque le point d'équilibre est trouvé, percer (poinçon rougi au feu) et fixer les bras (baguette bien ronde). Au bout de chaque bras, fixer une rondelle de bois (bambou). Fixer les barrres parallèles avec de petites cheville, et les terminer par des rondelles. Monter l'ensemble sur le socle (coller si nécessaire).

Utilisation. Lancer le gymnaste : il doit tourner sur lui-même, et se déplacer sur les barres.

Variante. Découper le gymnaste dans la planchette de cageot et le peindre (cf. dessin).

Lo gimnasta

Material. *Una forca de doás dents, plan duberta (60 a 90° per exemple), d'avelanièr, de beç, cerièr, e çò autre... De baguetas de bambó. Pichonas gisclas. Postarèla de gabiòta de fruchas. Cufèla d'agland.*

Esplechs. *Lo cotèl. Ponchons. 2 espillas de cap. Pega.*

Realisacion. *Copar la forca al ras del margue; ne servar que las doás dents que se i donarà una longor egala. Fendre pel mièg la dent que figurarà las cambas (per quitar del pes). Per equilibrar : plantar doás espillas a l'endrech que los braces seran fixats, lo mai en avant possible, costat del pitre. Quand lo ponch d'equilibri es trobat, traucar (ponchon rogit al fuòc) e fixar los braces (bagueta plan redonda). Al cap de cada braç, fixar una rondèla de bòsc (bambó). Fixar las barras parralèlas amb de cavilhons, e las acabar per de rondèlas. Montar l'ensemble sul sòcle (pegar se necessari).*

Utilisacion. *Lançar lo gimnasta : deu virar sus el-mème, e se deplaçar sus las barras.*

Varianta. *Decopar lo gimnasta dins la postarèla de gabiòta e lo pintrar (cf dessenh).*

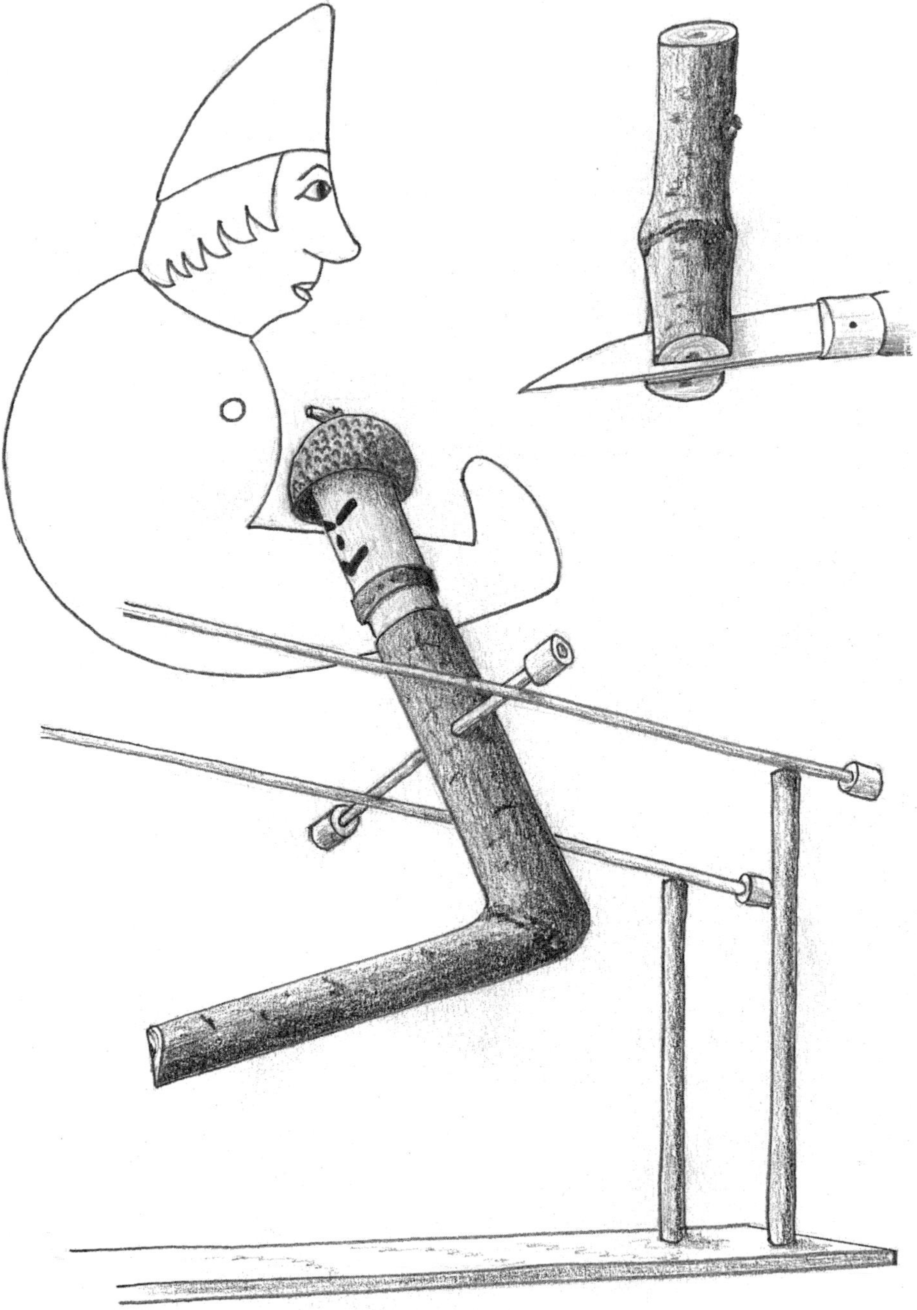

Le mouton

Matériaux. Un tronçon de gitolle verte (noisetier, châtaignier, etc...), d'environ 10 cm x 1cm de diamètre.

Outils. le couteau, poinçon en fil de fer.

Réalisation. A l'une des extrémités de la gitolle, façonner la tête du mouton. Sous le ventre, percer les quatre trous des pattes. Peler la gitolle. Râcler le bois avec le couteau, vers la tête du mouton qui prendra appui sur le pouce. Amener des vagues successives de copeaux qui resteront attachés au corps, sur 4 ou 5cm. Couper en biseau, en tenant la gitolle par le bout à supprimer. Dans cette chute, façonner les pattes, et les fixer.

Utilisation. Animaux de la ferme ou décoration.

Lo moton

Material. *Un tròç de giscla vèrda (avelanièr, castanhièr, e çò autre...), de 10 cm x 1 cm de diamètre, pauc o pro.*

Esplechs. *Lo cotèl; ponchon de fil de fèrre.*

Realisacion. *A l'un dels caps de la giscla, faiçonar lo cap del moton. Jol ventre, faire quatre traucs per las patas. Pelar la giscla. Rasclar lo bòsc amb lo cotèl, deval cap del moton que s'apiejarà sul det gròs. Menar d'èrsas successivas de ribans que demoraran estacats al còs, sus 4 o 5 cm. Talhar en bisèl, en téner la giscla pel cap de suprimir. Dins aquela menusalha faiçonar las patas, e las fixar.*

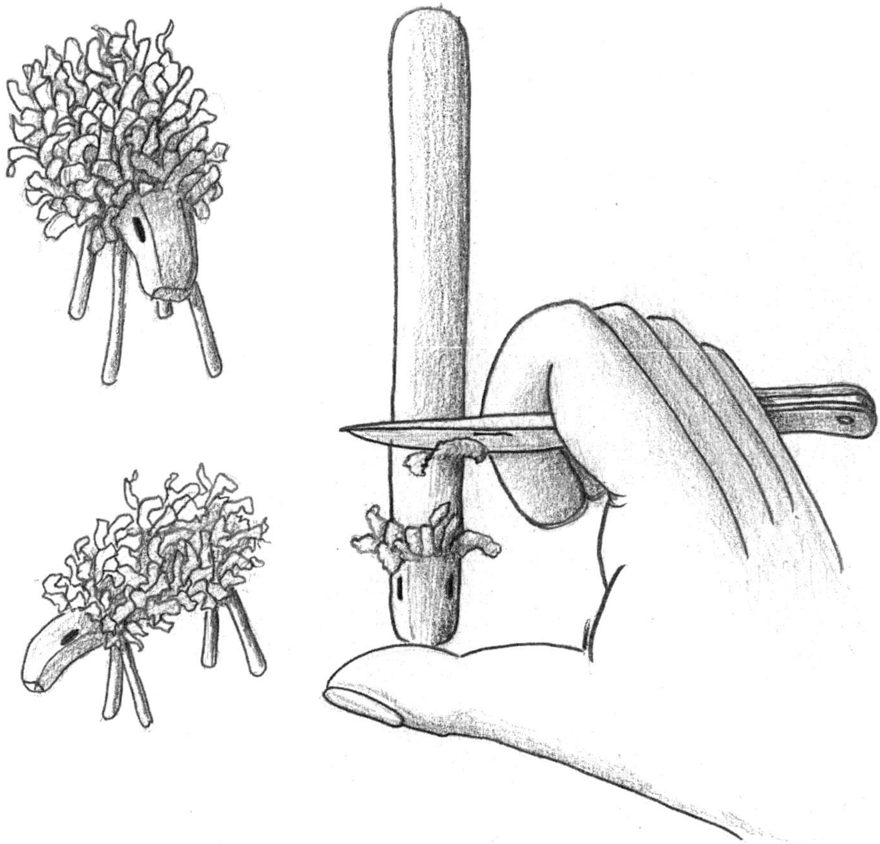

Le pistolet à amorces

Matériaux. Une fourche (genre lance-pierres), par exemple en noisetier. Une pince à linge en bois. Un morceau de gros fil de fer. Colle à bois.

Outils. Le couteau. Poinçon en fil de fer. Pinces.

Réalisation. Couper l'une des dents de la fourche (l'autre sera la crosse du pistolet). Aplanir une face du manche de la fourche (côté dent coupée), et y coller la pince. Percer le canon du pistolet à peu près à la hauteur du ressort de la pince. Pour la mise en place du mécanisme, façonner d'abord la détente ; puis passer l'autre bout du fil de fer dans le trou, et terminer la gâchette que l'on règle de façon à ce que l'échappement, au bout de la pince ne se fasse qu'au dernier moment.

Utilisation. on met une «amorce» (petit pétard) dans les mâchoires de la pince : l'amorce claque lorsque la pince se referme.

Lo pistolet d'amòrça

Material. *Una força (coma per un pòrta-pèira), d'avelanièr per exemple. Una pinça de linge de bòsc. Un tròç de fil de fèrre gròs. Pega de bòsc.*

Esplechs. *Lo cotèl. Ponchon de fil de fèrre. Gafas.*

Realisacion. *Copar l'una de las dents de la força (l'autra serà la cròssa del pistolet). Aplanierar una fàcia del margue de la força (pam de la dent copada), e i pegar la pinça. Traucar lo canon del pistolet al nivèl del ressòrt de la pinça, a pauc près. Per la mesa en plaça del mecanisme, faiçonar primièr la destenda, puèi passar l'autre cap del fil de fèrre dins lo trauc, e acabar la palheta que se regla de tal biais que l'escapament, al cap de la pinça, se fague pas qu'al darrièr moment.*

Utilisacion. *Se bòta una amòrsa (pichon petard) dins las maissas de la pinça; l'amòrça peta quand la pinça se tòrna barrar.*

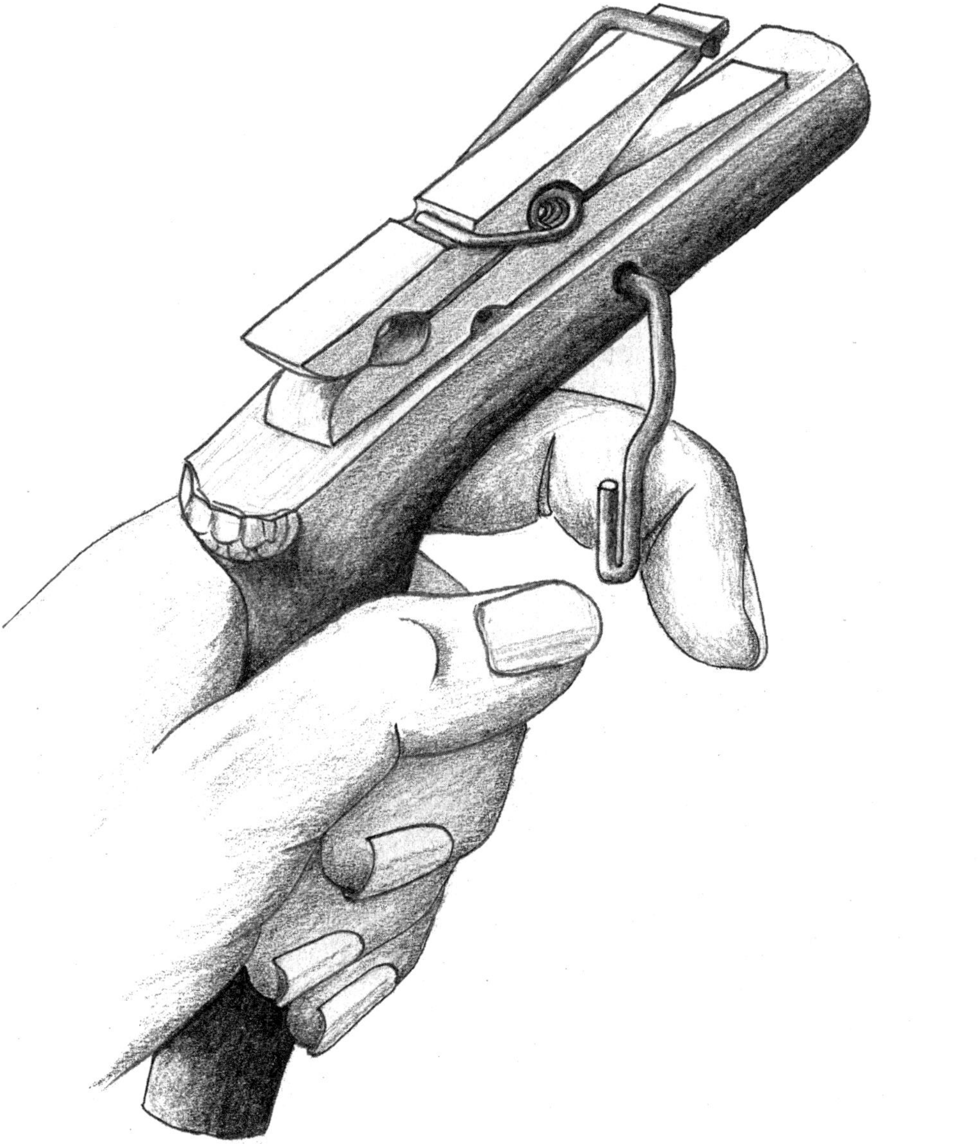

Le radeau à aubes

Matériaux. Tiges de roseau d'environ 2 cm de diamètre; une autre plus fine. Des baguettes de bois dur. Deux bouchons. Du gros fil de fer (diamètre 3 mm). Un élastique à fort allongement (cagette de fruits).

Outils. Couteau. Poinçon en gros fil de fer.

Réalisation. Couper à la dimension voulue les deux montants du radeau, en ménageant au centre de chacun d'eux une section, entre deux noeuds, qui ne sera pas perforée : le flotteur. Faire autant de trous que de traverses, plus un pour l'axe des roues à aubes. Inciser les bouchons. Tailler les pales et les monter. Monter l'ensemble. Fixer l'élastique sans le tendre.

Utilisation. Enrouler l'élastique (sens inverse des aiguilles d'une montre). Poser le radeau sur l'eau.
Plus les pales sont longues, plus le démarrage est lent.

Lo radèl de rodets.

Material*. Possas de bambó de 2 cm de diamètre, pauc o pro; una autra mai fina. De baguetas de bòsc dur. Dos taps. De fil de fèrre gròs (diamètre 3 mm). Una elastica d'alongament fòrt (gabiòta de fruchas).*

Esplechs*. Cotèl. Ponchon de fil de fèrre gròs.*

Realisacion*. Talhar a la dimension desirada los dos montants del radèl, en mainajar al centre de cadun una seccion, entre dos nosèls, que serà pas traucada : lo flotaire. Faire tant de traucs que de traversas, mai un per l'axe dels rodets. Incisar los taps. Talhar las raisses e las montar. Montar l'ensemble. Fixar l'elastica sens lo far tibar.*

Utilisacion*. Enrotlar l'elastica (sens envèrsa de las agulhas d'una mòstra). Pausar lo radèl sus l'aiga. D'en mai las raisses son longas, d'en mai l'amodament es lent.*

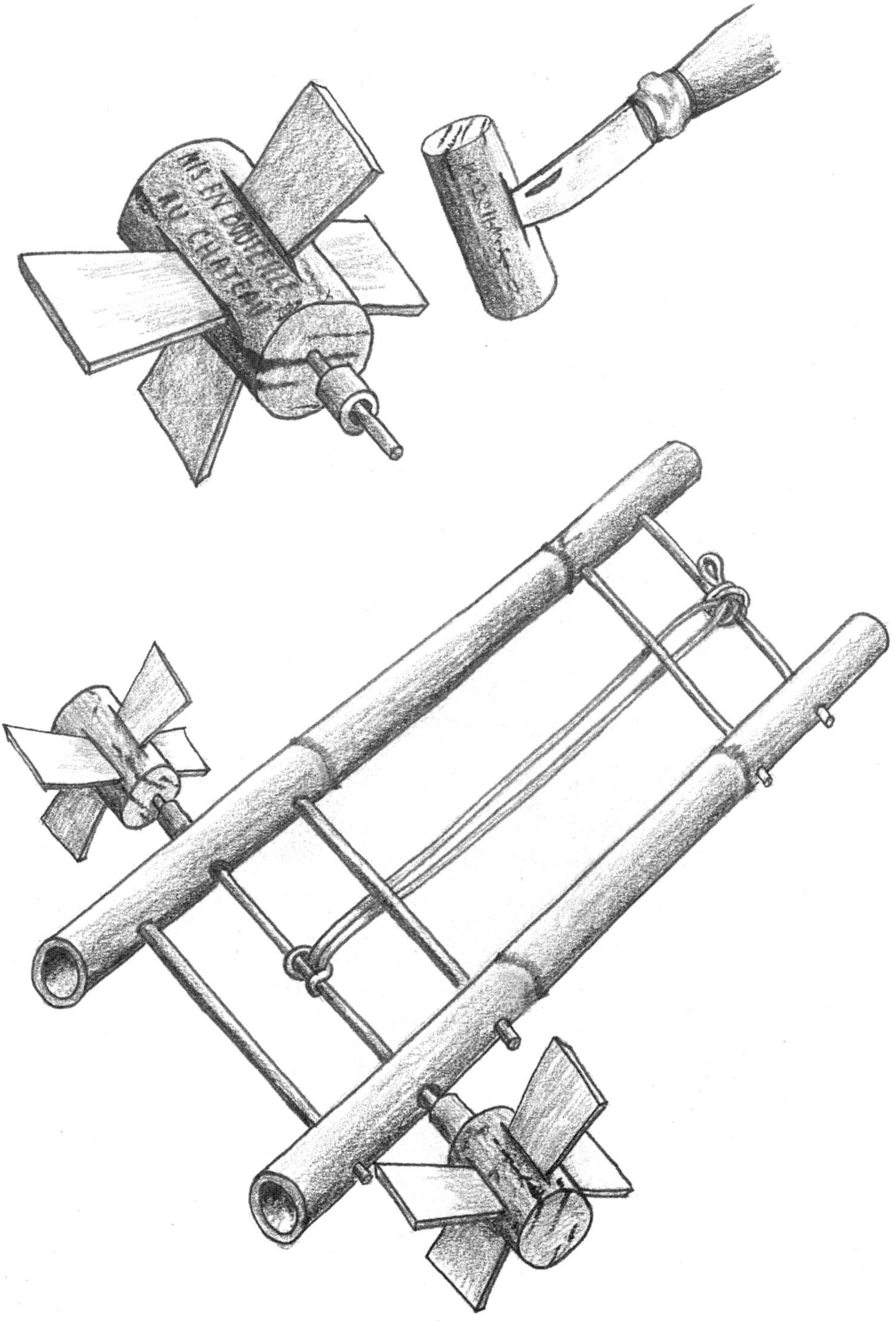
MIS EN BOUTEILLE
AU CHATEAU

La poupée qui grimpe

Matériaux. Une fourche à trois dents (frêne, érable). Une petite baguette. Un morceau de toile de couleur vive, quelque peu empesée. Ficelle fine. Cordon (cf. le tricotin).

Outils. Le couteau, poinçons, ciseaux à cranter.

Réalisation. Couper à la taille voulue le corps de la poupée. Faire les petits trous dans les mains perpendiculaires au bois. Faire un trou plus large au niveau du bassin, pour y passer le cordon (les jambes). Au-dessus de ce trou, faire une encoche circulaire pour y fixer la jupe. Tailler la jupe : un cercle perforé au centre. Fixer les ficelles (qui peuvent avoir 1 à 2 m) au balancier (attention au mode de suspension : un seul fil au milieu) et aux bâtonnets, au niveau des mains.

Utilisation. Faire grimper la poupée en tirant alternativement sur chacune des ficelles, bien tendues, et en écartant progressivement les mains.

La monaca qu'escarlimpa

Material. *Una forca de tres dents (fraisse, auseral). Una pichona bagueta. Un tròç de tela de color viva, qualque pauc empesada. Ficèla fina. Correjon (cf lo tricotaire).*

Esplechs. *Lo cotèl; ponchons; cisèls d'oscar.*

Realisacion. *Talhar a la dimension volguda lo còs de la monaca. Faire los pichons traucs dins las mans a l'escaire del bòsc. Faire un trauc mai larg al nivèl del bacin, puèi passar lo correjon (las cambas). Al dessús d'aquel trauc, faire una òsca circulària, per i fixar la jupa. Talhar la jupa : un ceucle traucat al centre. Fixar las ficèlas (que pòdon faire de 1 a 2 m) al balancièr (mèfi al biais de suspendre : un sol fil al mièg) e als bastonets, al nivèl de las mans.*

Utilisacion. *Faire escarlimpar la monaca en tirar un còp l'una, un còp l'autra de las ficèlas, plan tendudas, e en ecartar progressivament las mans.*

L' ellipsographe

Matériaux. Des planchettes (sapin) de cagette de fruits. Deux vis à bois. De la colle à bois. Un crayon. De la cire à bois.

Outils. Le couteau, scie fine.

Réalisation. La partie fixe de l'objet original qui m'a été offert sous le nom de «moulin égyptien» est taillée dans une seule pièce de bois, mais il est possible de procéder en découpant des carrés de planchettes qui seront empilés et collés ; un grand pour le socle, quatre petits aux angles, et quatre moyens par-dessus ces derniers. Poncer et cirer. Procéder de même pour les patins qui doivent être un peu plus longs que la branche de la croix et arrondis dans les bouts. Fixer le crayon dans un trou au bout de la règle, et visser cette dernière sur les patins.

Utilisation. Pour tracer des ellipses d'un seul trait de crayon.

L'elipsografe

***Material**. De postarèlas (sapin) de gabiòta de fruchas. Doás vitz de bòsc. De pega de bòsc. De cera de bòsc.*

***Esplechs**. Lo cotèl, ressa fina.*

***Realisacion**. La part fixa de l'objècte original que m'es estat ofèrt jol nom de «molin egipcian» es talhat dins una sola peça de bòsc, mas es possible de procedir en decopar de cairats de postarèlas que seran pilats e pegats : un bèl pel sòcle, quatre pichons als caires, e quatre mejans per en dessús d'aqueles d'aquí. Ponçar e cerar. Far de mèma per los patins que devon èstre un pauc mai longs que la branca de la crotz, e arredondits als caps. Fixar lo gredon dins un trauc al cap de la regla, e vissar aquela d'aquí sus los patins.*

***Utilisacion**. Per traçar d'elipses d'un sol trach de gredon.*

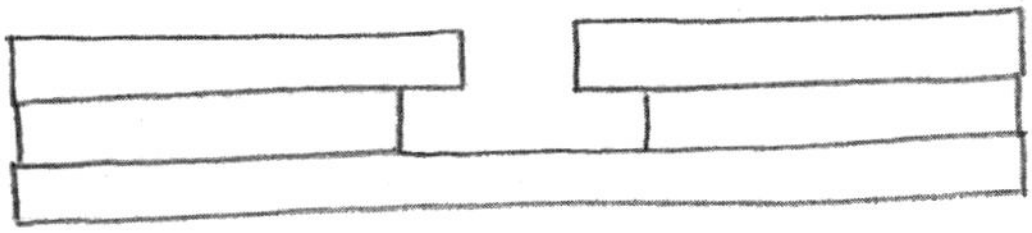

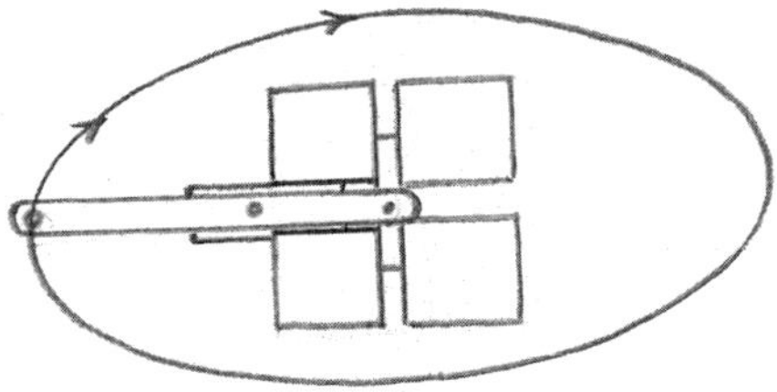

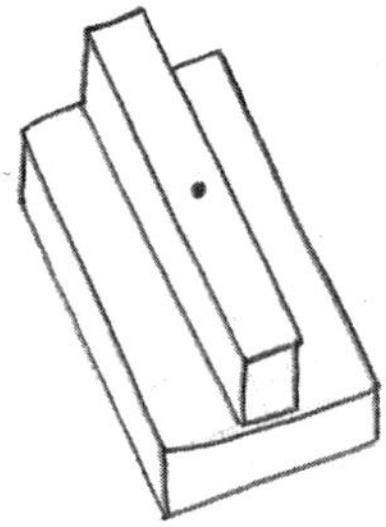

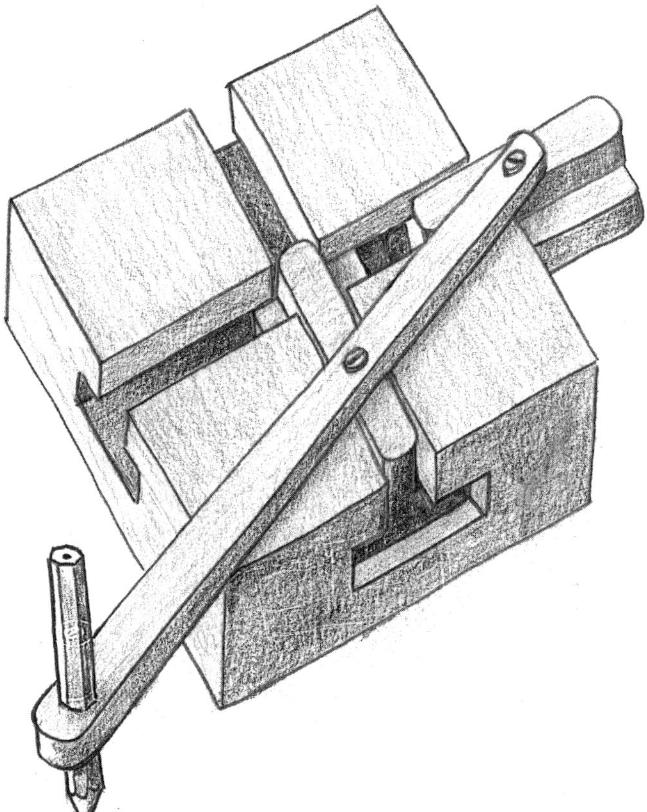

Les deux coqs

Matériaux. Du contre-plaqué de cagette de fruits. Des tubes de roseau très fins. Un tronçon de gitolle d'environ 3 cm de diamètre. Des petits ressorts de briquet.

Outils. Le couteau, scie fine, poinçons.

Réalisation. Découper les silhouettes des coqs et marquer les yeux et la crête au fer rouge. Scier les roues dans le tronçon de gitolle. On peut les ovaliser pour favoriser le balancement. Fabriquer le chariot en calculant l'écartement des supports en fonction de la taille des coqs. Fixer les ressorts au support en les vissant dans un très petit avant-trou.

Utilisation. Attacher un fil au chariot et le faire rouler par terre : le balancement fait que les coqs s'attaquent bec contre bec.

Los dos gals

Material. *De contraplacat de gabiòta de fruchas. De tudèls de canavera plan fins. Un tròç de giscla de 3 cm de diamètre, pauc o pro. De pichons ressòrts de batifuòc.*

Esplechs. *Lo cotèl; ressa fina; ponchons.*

Realisacion. *Talhar las ombrinas dels gals e marcar los uèlhs e la cresta al fèrre roge. Ressar las ròdas dins lo troçon de giscla. Se pòdon ovalisar per afavorir lo balanç. Fabricar lo carreton en calcular l'ecartament dels supòrts en fonccion de la talha dels gals. Fixar los ressòrts al supòrt en los vissar dins un pichon avant-trauc.*

Utilisacion. *Estacar un fil al carreton e lo faire redolar per terra : lo balanç fa que los gals s'atacan bèc a bèc.*

Le chasse-taupes

Matériaux. Des plumes de poule, canard, pigeon, etc... Un oeuf de poule. Du bambou, diamètre 1,5 cm et 0,8 cm environ. Une gitolle. Un bouchon. Du gravier fin. De la colle ou de la cire.

Outils. Le couteau. Poinçons à faire rougir.

Réalisation. Dans le gros bambou (longueur environ 15 cm), fixer les plumes et le tronçon de petit diamètre (environ 5 cm de long). Fixer les plumes sur le bouchon en les orientant pour faire une hélice. Percer l'oeuf avec le poinçon (parties les moins courbes de l'ovale) ; le vider, le sécher, y mettre quelques graviers. Faire l'axe du moulin dans une éclisse de bambou arrondie. L'axe sera collé à l'oeuf et entrera en force dans le bouchon. Planter une fine baguette dans la gitolle : l'axe de la girouette.

Utilisation. Ficher l'ensemble sur la taupière. Les vibrations chasseront les taupes.

Variante. A la place de l'oeuf, installer un treuil qui fera tourner le moulin à l'envers lorsque tombera le vent. On peut aussi installer une crécelle à la plac de l'oeuf.

L'espaurugal de las taupas

Material. *De plumas de galina, rit, pijon, e çò autre... Un uòu de galina. De bambó, diamètre 1,5 e 0,8 cm, pauc o pro. Una giscla. Un tap. De gravilha fina . De pega o de cera.*

Esplechs. *Lo cotèl. Ponchons de faire rogir.*

Realisacion. *Dins lo bambó gròs (longor 15 cm, pauc o pro), fixar las plumas e lo tròç de pichon diamètre (5 cm de long, pauc o pro). Fixar las plumas sul tap en las orientar per faire una eliça. Traucar l'uòu amb lo ponchon (partidas las mens corbas de l'ovala); lo voidar; lo secar; i botar qualquas gravilhas. Faire l'axe del molin dins una estèla de bambó arredondida. L'axe serà pegat e dintrarà en fòrça dins lo tap. Plantar una fina bagueta dins la giscla : l'axe del virolet..*

Utilisacion. *Plantar l'ensemble dins lo taupat. Las vibracions caçaran las taupas.*

Varianta. *En plaça de l'uòu, installar un mofle que farà virar lo molin a l'arrevèrs quand lo vent tombarà.Se pòt tanben instalar una rana en plaça de l'uòu.*

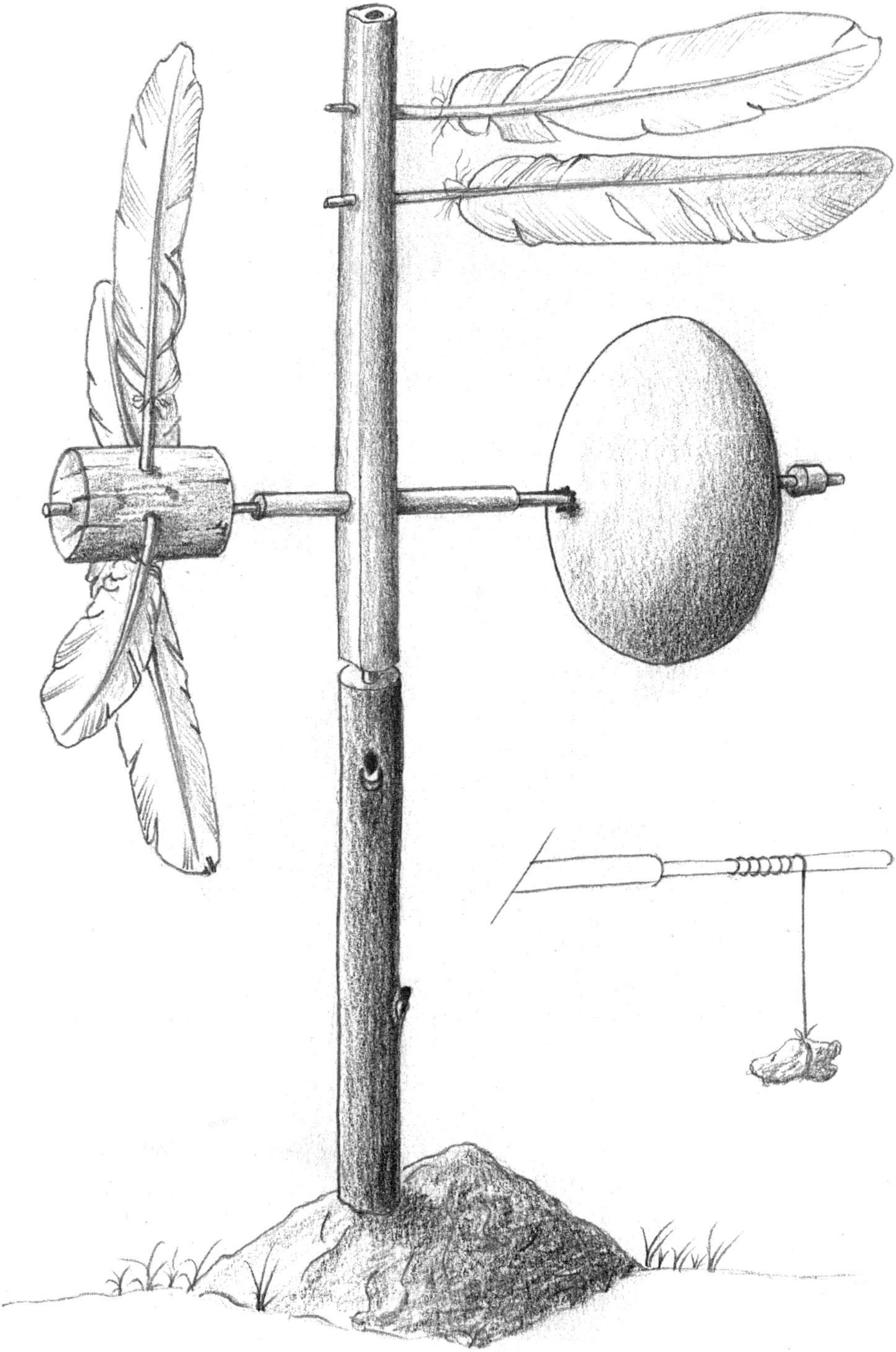

Le crocodile bondissant

Matériaux. De la planchette dure (sapin) de cagette de fruits. Un scion de bambou.

Outils. Le couteau. Une scie à découper. Un gros poinçon à faire rougir au feu. Un poinçon très fin. Un fer spécial pour cercler l'oeil (à fabriquer soi-même).

Réalisation. Découper le crocodile à la scie et au couteau. Perforer les ouvertures pour l'oeil et pour la gueule avec le gros poinçon rougi au feu. Cercler l'oeil au fer rouge. Monter l'ensemble sur axes et leviers de bois dur ; perforer les trous pour les chevilles avec le poinçon fin.

Utilisation. En propulsant le manche à la fois vers le bas et vers l'avant, on fait bondir le crocodile.

Lo crocodil sautaire

Material. *De postarèla dura (sapin) de gabiòta de fruchas. Una possa de bambó.*

Esplechs. *Lo cotèl; una ressa de decopar; un ponchon gròs de faire rogir al fuòc. Un ponchon plan fin; un fèrre especial per ceuclar l'uèlh (de fargar se mème).*

Realisacion. *Decopar lo crocodil a la ressa e al cotèl. Traucar las doberturas per l'uèlh e per la gula amb lo ponchon gròs rogit al fuòc. Ceuclar l'uèlh al fèrre roge. Montar l'ensemble sus axes e caplèvas de bòsc dur; traucar per plaçar las cavilhas amb lo ponchon fin.*

Utilisacion. *En butar lo margue a l'encòp val debàs e en avant, òm fa sautar lo crocodil.*

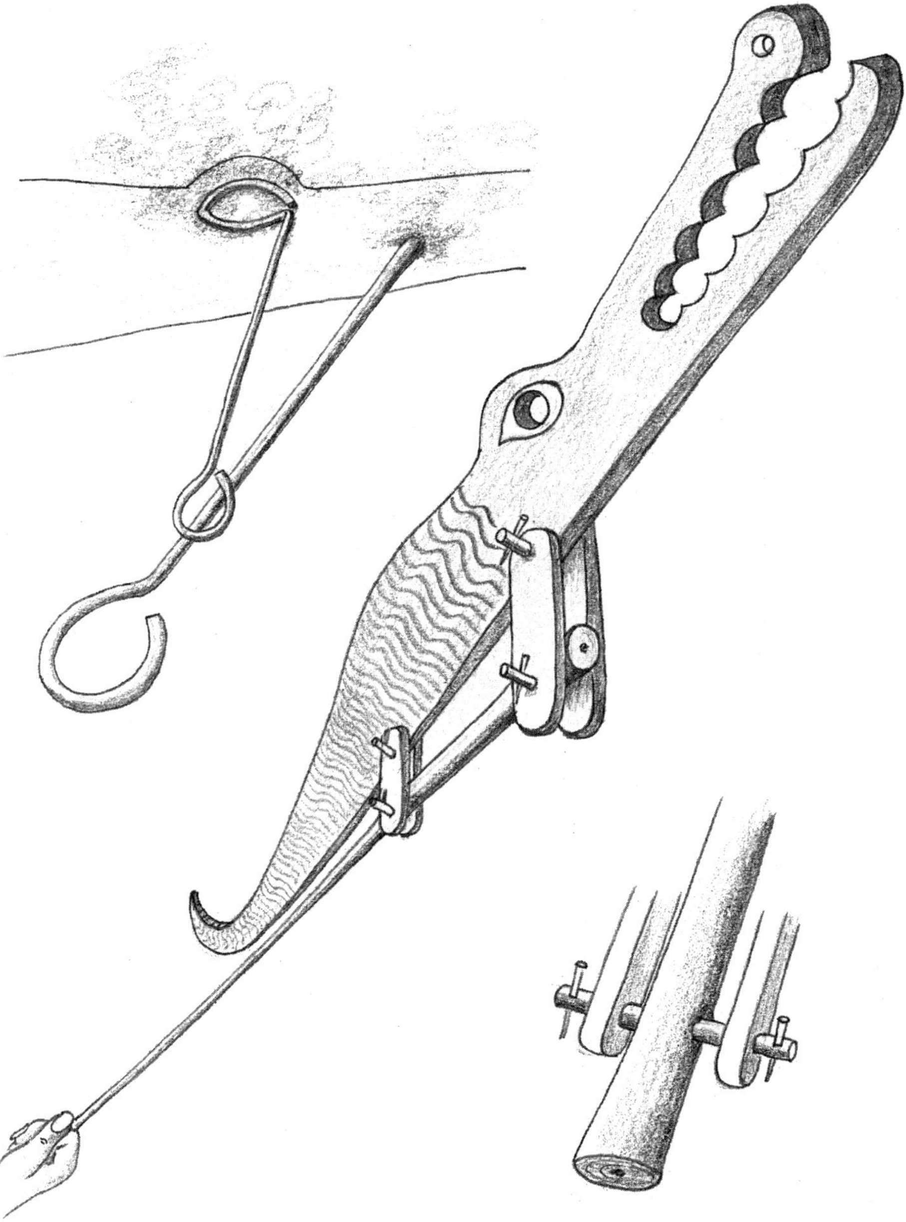

La clepsydre

Matériaux. Une planchette. Deux tronçons de gitolle ou tube de roseau. Une baguette ronde et fine. Trois bouchons. Une feuille de carton. Du fil de fer fin. Une boîte de conserve d'un litre. Du fil à coudre. Deux galets. Une paille fine ou gaine de fil électrique. De l'élastique de chambre à air. Un trombone.

Outils. Le couteau. Poinçons. Ciseaux. Pinces.

Réalisation. Perforer les deux supports et les fixer dans deux trous pratiqués dans la planchette. Découper le cadran et le coller. Perforer un bouchon en son centre et y enfiler l'axe. Le mettre en place. Fixer l'aiguille en fil de fer. Perforer la boîte, et y fixer la paille. On peut aussi procéder par siphon avec la gaine du fil électrique. Fabriquer le flotteur avec deux bouchons et un galet fixés par des élastiques de chambre à air. Le fil sera attaché d'un côté au flotteur et de l'autre au contre-poids ; il passera sur le bouchon, et dans le trombone qui sera fixé à la boîte.

N.B. : Placer le fil et le trombone de l'autre côté de la boîte, par rapport au dessin, pour que l'aiguille tourne dan le bon sens.

Utilisation. Remplir d'eau la boîte. Régler la position de l'aiguille, puis graduer le cadran de la clepsydre (horloge à eau).

Lo relòtge d'aiga

Material. *Una postarèla. Dos troçons de giscla o tudèl de canavera. Una bagueta redonda fina. Tres taps. Una fuèlha de carton. De fil de fèrre fin. Una bóstia de consèrva d'un litre. De fil de cóser. Dos codolets. Una palha fina o estug de fil electrica. D'elastica de cambra d'aire. Un trombòne.*

Esplechs. *Lo cotèl; ponchons; cisèls; pinças.*

Realisacion. *Traucar los dos supòrts e los fixar dins los traucs praticats dins la postarèla. Decopar lo quadran e lo pegar. traucar un tap dins son centre e i engulhar l'axe. Fixar l'agulha de fil de fèrre. Traucar la bóstia, e i fixar la palha. Om pòt tanben procedir per sifon amb l'estug del fil electrica. Fabricar lo flotaire amb dos taps e un codolet fixats per d'elasticas de cambra d'aire. Lo fil serà estacat d'un cap al flotaire e de l'autre al contra-pés; passarà sul tap, e dins lo trombòne que serà fixat a la bóstia.*

N.B. *Plaçar lo fil e lo trombòne de l'autre pam de la bóstia, rapòrt al dessenh, per que l'agulha vire dins lo bon sens.*

Utilisacion. *Emplir d'aiga la bóstia. Reglar la pausicion de l'agulha, graduar puèi lo quadran del relòtge d'aiga.*

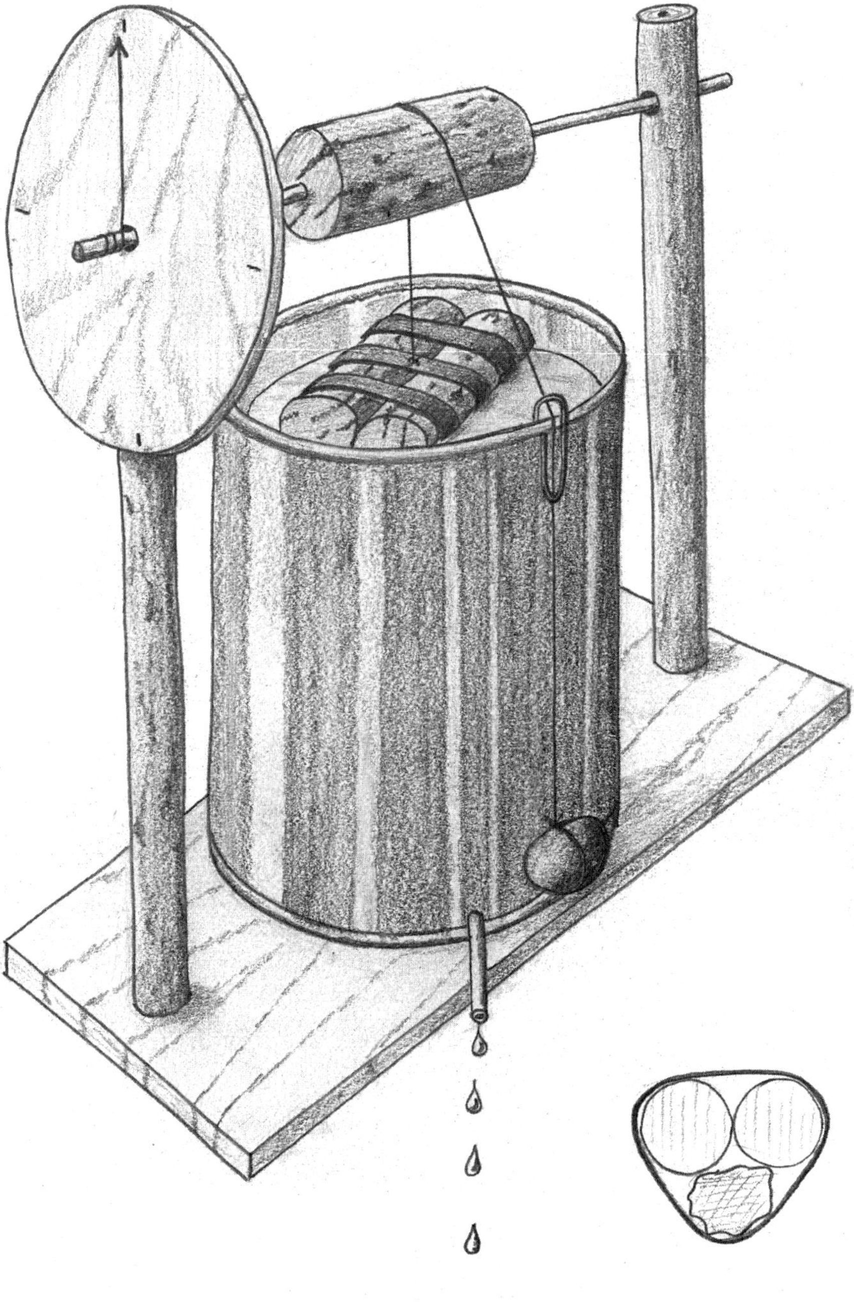

L'oiseau marionnette

Matériaux. Divers bois de cagette de fruits. Des réglettes de bois ou des gitolles. De la cordelière très souple ou de la laine tressée.Du crin de cheval ou du fil à pêche. Des plumes d'oiseau ou de poule.

Outils. Le couteau et des poinçons.

Réalisation. Découper et façonner, dans un morceau de bois tendre, la tête, le corps, les pattes. Faire les trous aux diamètres correspondants pour les fils et pour le cou et les pattes. Fixer les fils ainsi que le cou et les pattes avec de petites chevilles qui seront écrasées au ras. Faire le manche, le perforer et y fixer les fils avec des chevilles amovibles pour équilibrer le tout ou modifier les attitudes.

Utilisation. Faire évoluer l'oiseau au sol en manoeuvrant le support.

L'aucèl monaca

Material. *Bòscs divèrs de gabiòtas de fruchas. De reglètas de bòsc o de gisclas. De cordèla plan sopla o de lana trenada. De crin de cavala o de fil de pesca. De plumas d'aucèl o de galina.*

Esplechs. *Lo cotèl e de ponchons.*

Realisacion. *Decopar e faiçonar, dins un tròç de bòsc tendre, lo cap, lo còs, las patas. Faire los traucs als diamètres correspondents pels fils e pel còl e per las patas; Fixar los fils coma lo còl e las patas amb de cavilhons que seran espotits ras. Faire lo margue, lo traucar e i fixar los fils amb de cavilhas movedissas per equilibrar lo tot o modificar las actituds.*

Utilisacion. *Faire volar l'aucèl en manobrar lo supòrt.*

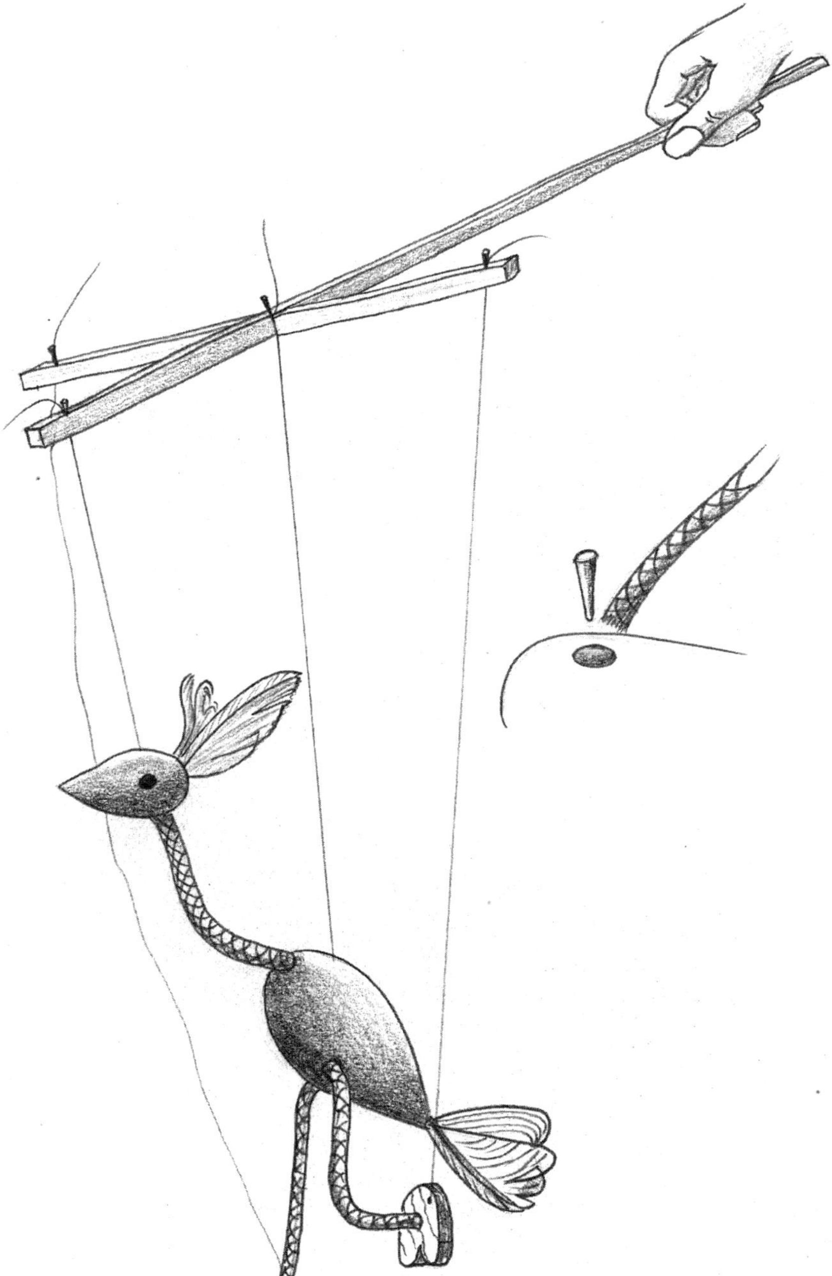

La bestiole animée

Matériaux. Un bouchon neuf. Un morceau de cuir noir très fin. De gros plombs de pêche. Des filaments de fil électrique.

Outils. Le couteau. Papier de verre. Poinçons. Pinces.

Réalisation. Découper le corps de la bestiole, le poncer et marquer au fer rouge les yeux et les ailes. Boucler autour du poinçon un filament, et le torsader. Découper de très fines lamelles de cuir. Pincer le filament bouclé et le bout de lanière dans le plomb. Enfiler un autre filament dans la boucle de la patte, le plier, le torsader, et le fixer à sa place sous le ventre, dans un avant-trou. Fixer la bestiole sur un support très souple (fine éclisse de bambou).

Utilisation. Au moindre mouvement la bestiole remue les pattes.

La bèstia que bolega

Material. *Un tap nòu. Un tròç de cuèr negre plan fin. De ploms gròs de pesca. De filachons de fil electrica.*

Esplechs. *Lo cotèl. Papièr de veire. Ponchons. Pinças.*

Realisacion. *Decopar lo còs de la bèstia, lo ponçar, e marcar al fèrre roge los uèlhs e las alas. Nosar altorn del ponchon un filachon, e lo torcejar. Decopar de plan finas lamelas de cuèr. Pinçar lo filachon nosat e lo tròç de lanièra dins lo plom. Engulhar un autre filachon dins lo nosèl de la pata, lo plegar, lo torcejar, e lo fixar a la siá plaça jol ventre, dins un avant-trauc. Fixar la bèstia sus un supòrt plan sople (fina estèla de bambó).*

Utilisacion. *Al pus mendre movement la bèstia bolega las patas.*

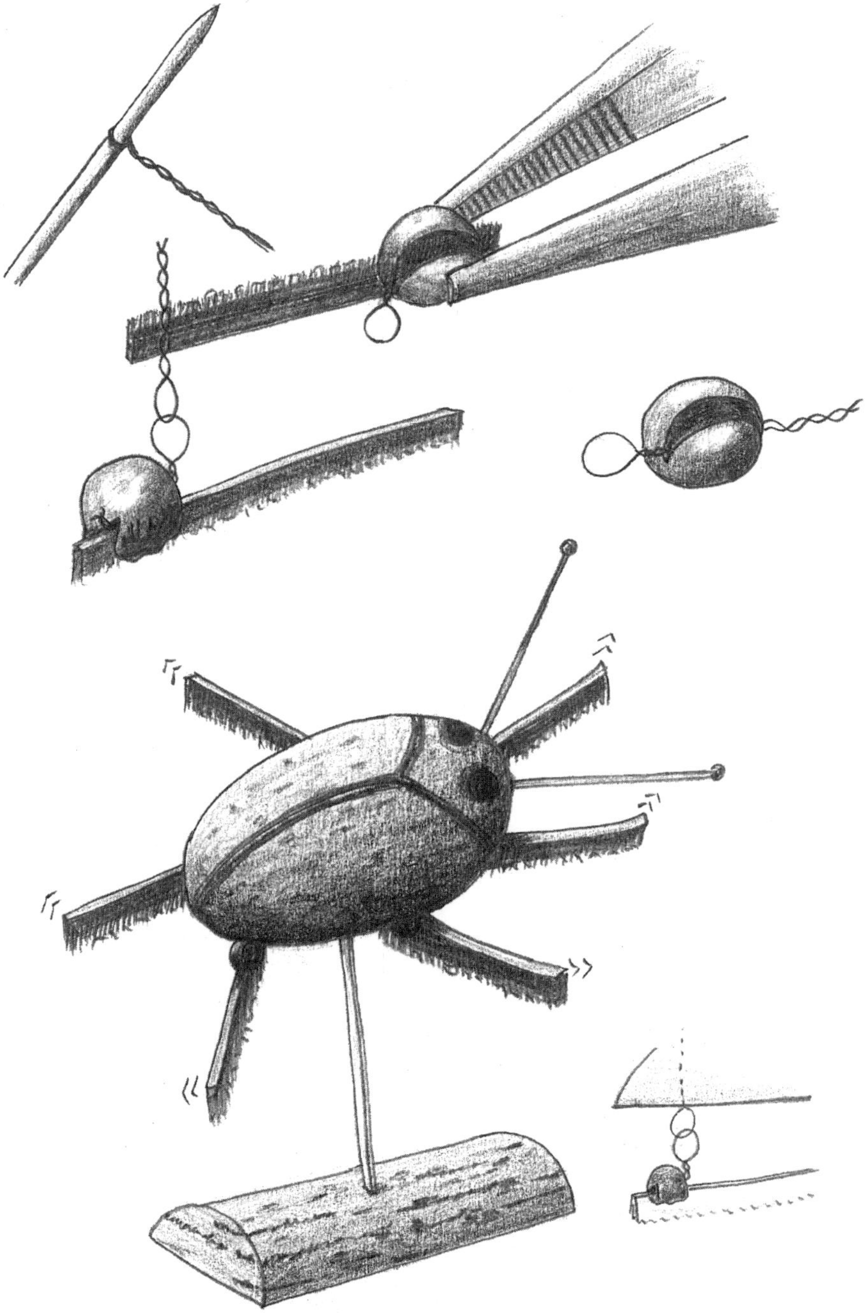

Les faucheurs

Matériaux. Des tubes de roseau de 1 à 2 cm de diamètre, et d'autres très fins. Des planchettes fines de cagette de fruits. Des planchettes épaisses de cagette de fruits, en bois tendre (peuplier). Une gitolle d'environ 2 cm de diamètre, et une autre d'environ 3 cm. Deux réglettes de bois d'environ 30 cm. De la colle à bois.

Outils. Le couteau, une scie, poinçons divers.

Réalisation. Fabriquer les trois personnages : couper, percer, brûler. Pour les chapeaux, découper une planchette fine pour les ailes et scier un tronçon de gitolle pour le haut. Fabriquer les faux avec le bois tendre, et le manche avec du bois dur. Chaque faucheur est collé sur un socle rond fait d'un mince tronçon de la plus grosse gitolle. Ce socle est percé de deux trous par où passent les chevilles fixées dans les réglettes. Pour maintenir les faucheurs, on colle un petit tube de roseau sur le bout de la chevillle qui dépasse du socle. Attention, les chevilles doivent tourner librement dans les trous du socle.

Utilisation. On tient une baguette dans chaque main, on tire et on pousse : les faucheurs tournent sur eux-mêmes et fauchent.

Los dalhaires

Material. *De tudèls de canavera de 1 a 2 cm de diamètre, e d'autres plan fins. De postarèlas finas de gabiòtas de fruchas. De postarèlas espessas de gabiòta de fruchas, de bòsc tendre (pibol). Una giscla de 2 cm de diamètre, e una autra de 3 cm, pauc o pro. Doás regletas de bòsc de 30 cm, pauc o pro. De pega de bòsc.*

Esplechs. *Lo cotèl; una ressa; ponchons divèrs.*

Realisacion. *Fabricar los tres personatges : copar, traucar, cramar. Pels capèls, decopar una postarèla fina per las alas e ressar un troçon de giscla pel denalt. Fargar las dalhas amb lo bòsc tendre, e lo margue amb de bòsc dur. Cada dalhaire es pegat sus un sòcle redond fach d'un tròç teune de la giscla la mai gròssa . Aqueste sòcle es traucat de dos traucs ont passan las cavilhas fixadas dins las regletas. Per manténer los dalhaires, se pega un pichon tudèl de canavera sul cap de la cavilha que despassa del sòcle. Mèfi, las cavilhas devon virar liurament dins los traucs del sòcle.*

Utilisacion. *Una bagueta se ten dins cada man; en tirar un còp d'un pam, un còp de l'autre, los dalhaires viran sus eles-mèmes e dalhan.*

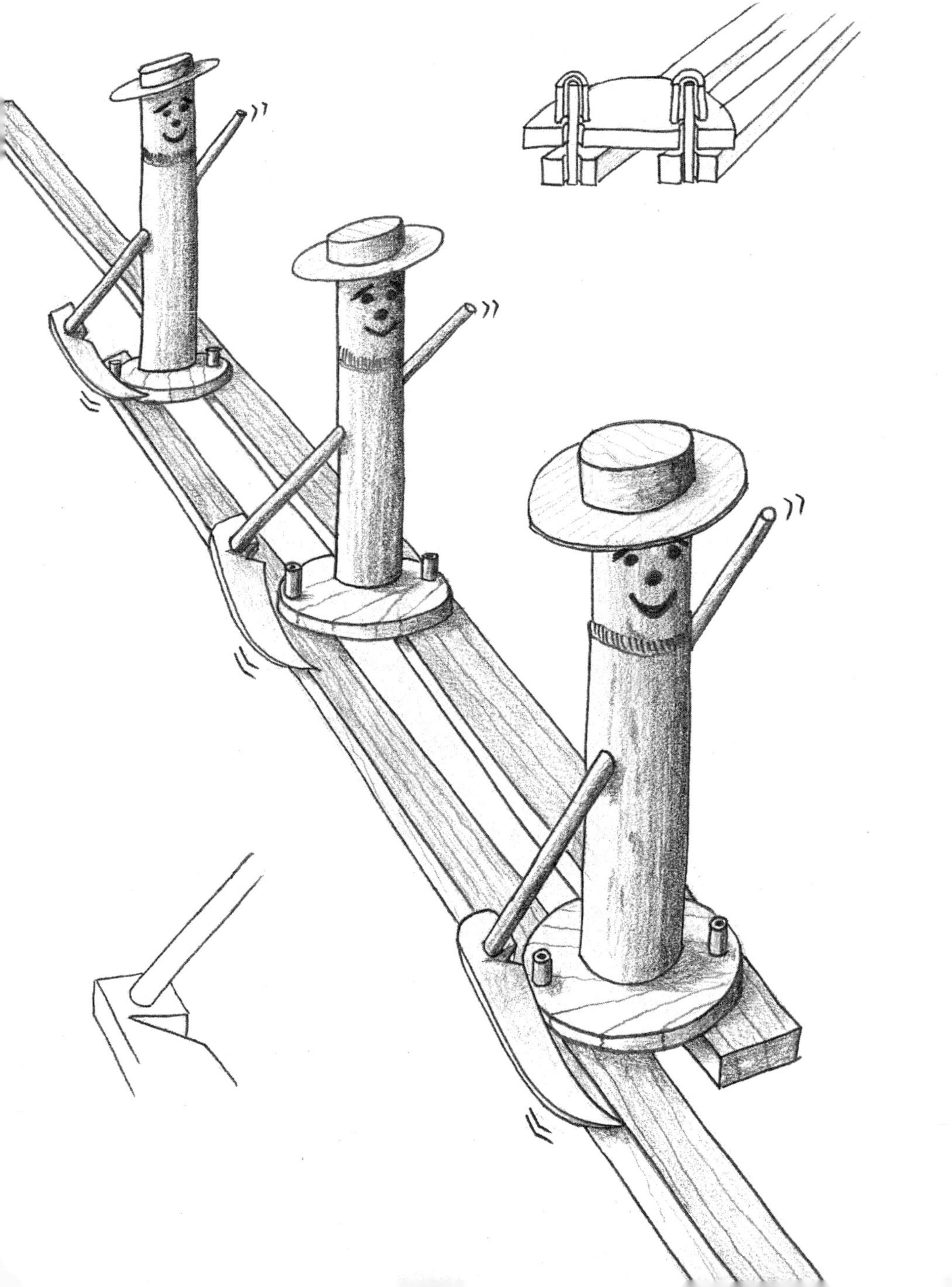

Le tambourinaïre

Matériaux. Un tube de roseau ou de bambou d'un diamètre d'environ 1 à 2 cm. De la planchette dure de cagette de fruits. Un tronçon de scion de bambou. De petits tronçons de gitolle dure. De l'élastique de chambre à air. Du fil de fer fin. De la ficelle fine.

Outils. Le couteau. Un poinçon.

Réalisation. Couper le roseau en laissant un noeud pour séparer la tête du corps. Perforer intérieurement ce noeud. Pratiquer derrière la tête un double encoche. Faire deux trous au niveau des bras, le plus possible vers l'avant. Faire un trou central pour y fixer le tambour. Dessiner le visage. Pour les bras, tordre le fil de fer selon le dessin. **Montage des bras** : 1/ passer le fil de fer par un trou; 2/ introduire l'élastique dans le tube et y passer le fil de fer; 3/ passer le fil de fer dans le second trou, un peu en force, puis le remodeler à l'intérieur. Faire une boucle et des noeuds tous les 1 ou 2 cm à la ficelle. Passer l'élastique dans la boucle de la ficelle et le fixer dans la double encoche : il doit rester tendu. Coller le chapeau et le tambour, ainsi que les bras (tubes fins de bambou) terminés par des massettes.

Utilisation. Tirer sur la ficelle en laissant échapper les noeuds entre l'ongle du pouce et l'index : le personnage tambourine.

Lo tamborinaire

Material*. Un tudèl de canavera o de bambó d'un diamètre de 1 a 2 cm, pauc o pro. De postarèla dura de gabiòta de fruchas. Un tròç de possa de bambó. De troçons de giscla dura. D'elastica de cambra d'aire. De fil de fèrre fin. De ficèla fina.*

Esplechs*. Lo cotèl; un ponchon.*

Realisacion*. Copar lo bambó en daissar un nosèl per desseparar lo cap del còs. Traucar lo dedins d'aquel nosèl. Praticar darrièr lo cap una òsca dobla. Faire dos traucs al nivèl dels braçs, lo mai en avant possible. Faire un trauc central per i fixar lo tambor. Dessenhar la cara. Pels braçs, tòrcer lo fil de fèrre en segre lo dessenh.* ***Montatge dels braçs*** *: 1/ passar lo fil de fèrre per un trauc; 2/ introdusir l'elastica dins lo tudèl e i passar lo fil de fèrre; 3/ passar lo fil de fèrre dins lo segond trauc, en forçar un pauc, lo tornar modelar puèi al dintre. Faire un annèl e dels nosèls cada 1 o 2 cm, a la ficèla. Passar l'elastica dins l'annèl de la ficèla e lo fixar dins l'òsca dobla : deu estar redde. Pegar lo capèl e lo tambor, tant coma los braçs (tudèls fins de bambó) acabats per de masselòtas.*

Utilisacion*. Tirar sus la ficèla en daissar escapar los nosèls entre l'àrpia del det gròs e lo pica pasta : lo personatge tamborineja.*

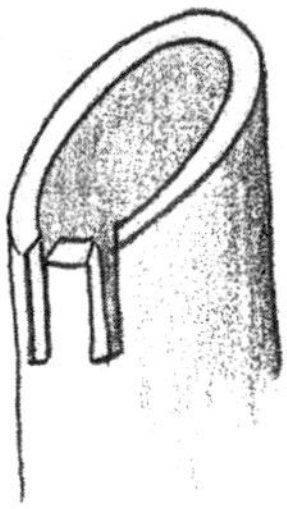
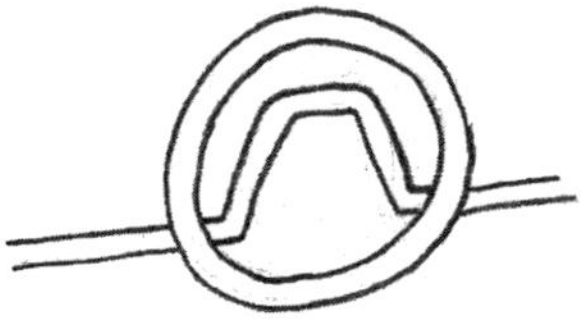
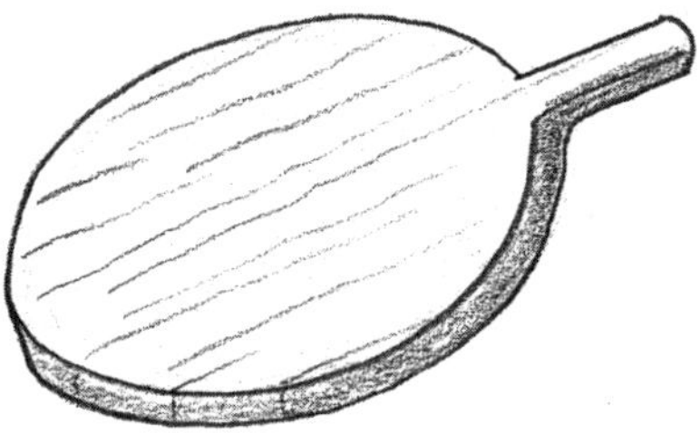
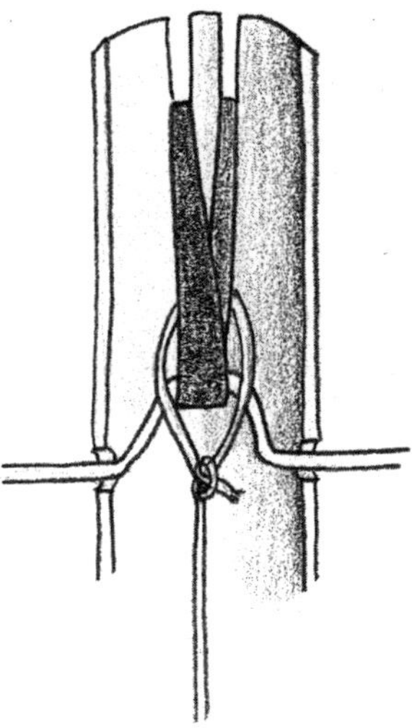
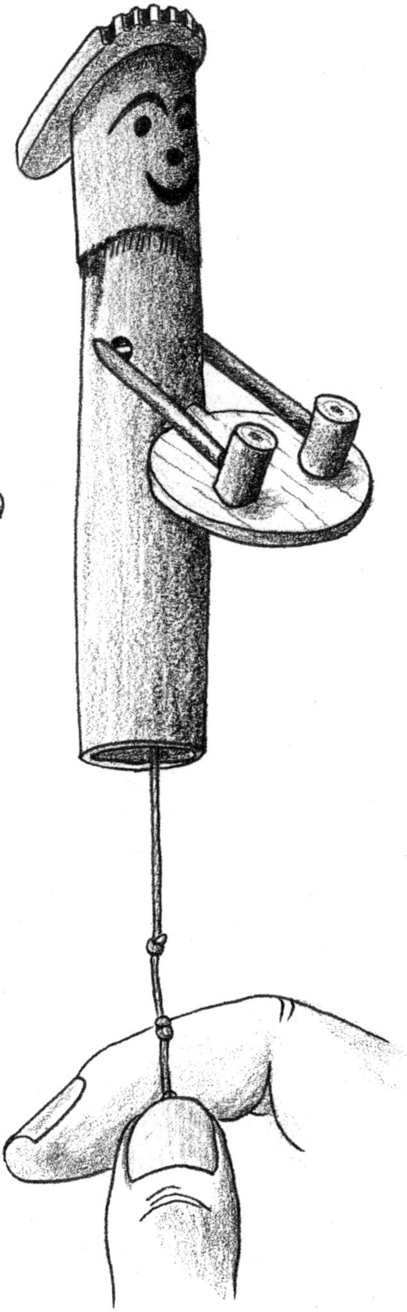

La poupée masquée

Matériaux. De la planchette de cagette de fruits. Un échantillon de tissu. Du fil guipé. Du fil ordinaire. Du fil de fer fin.

Outils. Le couteau. Poinçons à faire rougir. Poinçons spéciaux pour les yeux et la bouche (à fabriquer).

Réalisation. Découper la figurine entière et le masque dans la planchette. Fabriquer les poinçons pour les yeux et la bouche (fil de fer fin recourbé), les faire rougir et dessiner les traits des visages. Habiller la poupée : froncer la robe comme un rideau de fenêtre, et la fixer, ainsi que les bras, autour du cou par une ligature. Fixer les fils : fil guipé (élastique) au sommet de la tête, et fil ordinaire pour le reste.

Utilisation. Suspendre la poupée. Tirer sur les pieds : le masque se met en place.

La monaca mascada

Material. *De postarèla de gabiòta de fruchas. Un escapolon de teissut. De fil ordinari. De fil guipat. De fil de fèrre fin.*

Esplechs. *Lo cotèl. Ponchons de faire rogir. Ponchons especials pels uèlhs e per la boca (de fargar).*

Realisacion. *Talhar la figurina e la masqueta dins la postarèla. Fargar los ponchons pels uèlhs e per la boca (fil de fèrre fin rebicat), los faire rogir e dessenhar los trachs de las caras. Vestir la monaca : fronsar la rauba coma un ridèl de fenèstra, e la fixar, atal coma los braç, altorn del còl per un ligam. Fixar los fils : fil guipat (elastica) a la poncha del cap, e fil ordinari pel resta.*

Utilisacion. *Penjar la monaca. Tirar suls pès : la monaca se masca.*

Le moulin à pipe

Matériaux. Un tronçon de gitolle d'environ 3 cm de diamètre. Un autre tronçon d'environ 1 cm de diamètre et 10 cm de long. Un tube fin, de roseau, bambou ou sureau. Une cupule de gland ou de faîne. Des lamelles fines (1 mm) tirées d'un contre-plaqué de cagette de fruits. Autres petits bouts de bois.

Outils. Le couteau. Poinçons de diamètres divers, à faire rougir au feu. Colle.

Réalisation. Sculpter le personnage. Fabriquer le moulin : le moyeu peut être en bois tendre (tilleul). Le fixer au corps du personnage (penser à mettre des rondelles). Faire les trous dans le socle, et fixer le tube. Fabriquer les pieds. Calculer la position du personnage de façon à ce que l'air soufflé atteigne les pales du moulin et non le moyeu. Coller l'ensemble.

Utilisation. Souffler dans le tuyau de la pipe : le moulin tourne.

Lo molin de pipa

Material. *Un tròç de giscla de 3 cm de diamètre, pauc o pro. Un autre tròç de 1 cm de diamètre e 10 cm de long, pauc o pro. Un tudèl fin, de canavera, bambó o sambuc. Una cufèla d'agland o de fèina. De lamelas finas (1 mm) tiradas d'un contraplacat de gabiòta de fruchas. Maites pichons tròç de bòsc.*

Esplechs. *Lo cotèl. Ponchons de diamètres divèrs, de faire rogir al fuòc.*

Realisacion. *Escultar lo personatge. Fabricar lo molin : lo boton pòt èstre de bòsc tendre (telh). Lo fixar al còs del personatge (pensar de botar de rondèlas). Faire los traucs dins lo sòcle, e fixar lo tudèl. Fabricar los pès. Calcular la posicion del personatge de tal biais que l'aire bufat atengue las alas del molin e non lo boton. Pegar l'ensemble.*

Utilisacion. *Bufar dins lo tudèl de la pipa : lo molin vira.*

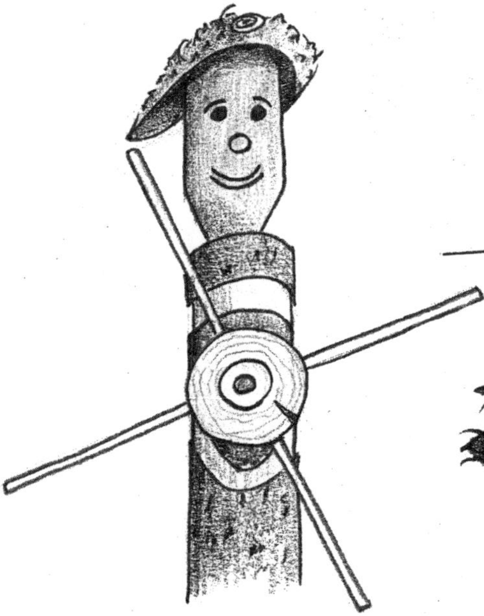

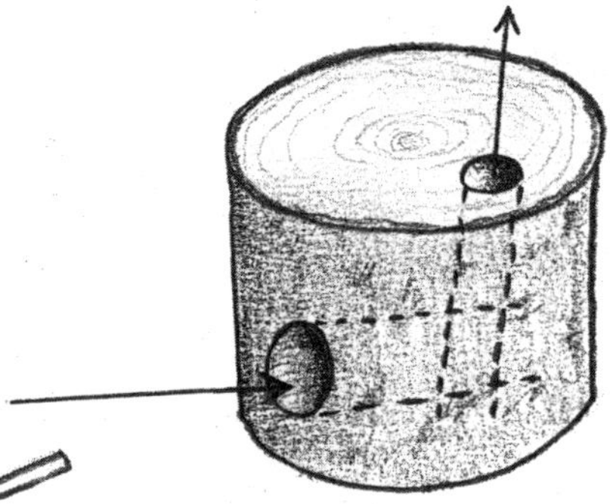

Les deux équilibristes

Matériaux. Deux gitolles d'environ 30 cm de long. Deux baguettes de bambou ou roseau. Des tubes de roseau. De la ficelle. De l'élastique. Un gravier. Cupules de glands ou de faînes.

Outils. Le couteau, poinçons en fil de fer.

Réalisation. Fabriquer les personnages. Introduire dans l'un d'eux un gravier qui servira de contre-poids. Fixer les bras au barres parrallèles et laisser du jeu au niveau du corps pour que les acrobates puissent tourner sur eux-mêmes. Avec les deux gitolles, fabriquer la pince. L'axe transversal doit comporter un peu de jeu. Attacher les barres à la pince, et placer l'élastique de rappel.

Utilisation. Tenir la pince en main, serrer et relâcher : l'ensemble tourne autour du fil.

Los dos equilibristas

Material. *Doás gisclas de 30 cm de long, pauc o pro. Doás baguetas de bambó o de canavera. De tudèls de canavera. Ficèla; elastica; una gravilha. Cufèlas d'agland o de fèinas.*

Esplechs. *Lo cotèl; ponchons de fil de fèrre.*

Realisacion. *Fabricar los personatges. Introdusir dins un dels dos una gravilha que servirà de contrapés. Fixar los braçs a las barras paralèlas e daissar de jòc al nivèl del còs per que los acrobatas poguesson virar sus eles-mèmes. Amb las doás gisclas, fabricar la pinça. L'axe transversal deu aver un pauc de jòc. Estacar las barras a la pinça, e plaçar l'elastica de rampèl.*

Utilisacion. *Téner la pinça en man, sarrar e tornar lachar : l'ensemble vira al torn del fil.*

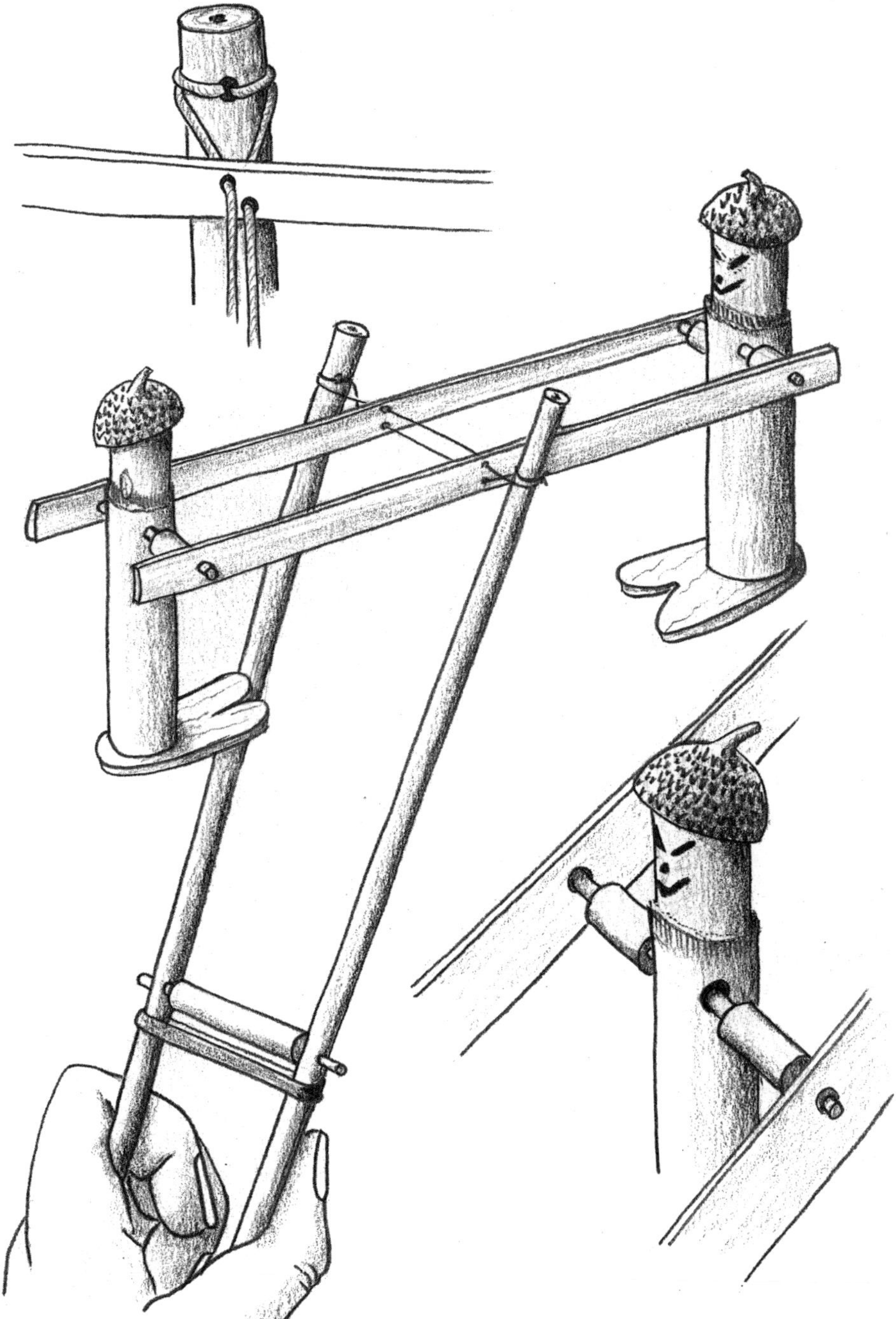

Le pivert heurtoir

Matériaux. Une branche d'environ 20 cm de long par 2 de diamètre. Un tronçon de gitolle (noisetier, cerisier, etc...) à peu près de la même grosseur. Des morceaux de bambou ou autre bois dur. De la planchette de cageot de fruits. De la ficelle. De la colle.

Outils. Le couteau, poinçons en fil de fer de diverses grosseurs.

Réalisation. Façonner le corps de l'oiseau ; découper les ailes et les coller. Faire les trous et coller le bec et le perchoir de l'oiseau (en bambou). Perforer la branche de deux trous séparés d'environ 2 cm et, avec la pointe du couteau, évider une lumière. Faire un trou en biais, partant du bas de la branche, et ressortant sur le côté. (Les trous se font avec le fil de fer rougi au feu). Fixer l'oiseau avec une cheville de bois dur. Attacher la ficelle.

Utilisation. Tirer sur la ficelle : le pivert pique la branche avec son bec. On peut fixer le jouet sur une porte : on obtient ainsi un heutoir.

Lo martèl picaral

Material. *Una branca de 20 cm de long per 2 de diamètre, pauc o pro. Un tròç de giscla (avelanièr, cerièr, e çò autre...) a pauc près de la mèma grossor. De tròces de bambó (o autre bòsc dur). De postarèla de gabiòta de fruchas. Ficèla. Pega.*

Esplechs. *Lo cotèl; ponchons de fil de fèrre de grossors divèrsas.*

Realisacion. *Faiçonar lo còs de l'aucèl; decopar las alas e las pegar. Faire los traucs e pegar lo bèc e l'ajocador de l'aucèl (de bambó). Traucar la branca de dos traucs desseparats de 2 cm, pauc o pro, e, amb la poncha del cotèl, voidar un lum. Faire un trauc de biais, partant del fons de la branca, e tornant sortir sul costat (los traucs se fan amb lo fil de fèrre rogit al fuòc). Fixar l'aucèl amb una cavilha de bòsc dur. Estacar la ficèla.*

Utilisacion. *Tirar sus la ficèla : lo picaral beca la branca. Om pòt fixar la joguina sus una pòrta : s'obten atal un martèl.*

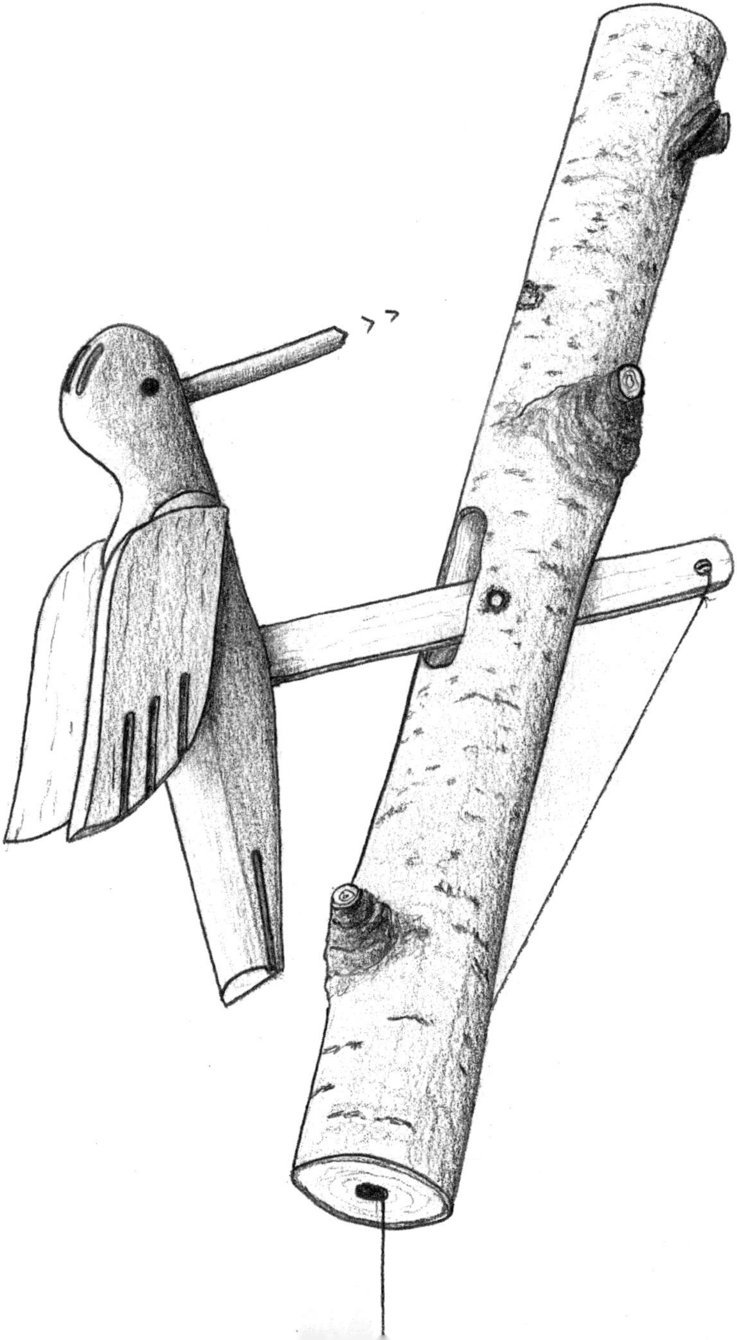

La catapulte

Matériaux. Une planchette d'environ 2 x 15 cm. Tronçons de tubes de roseau. Tronçons de gitolles. Cupules de glands ou de faînes. Grains de maïs. De la colle.

Outils. Le couteau. Poinçon de fil de fer fin et grosse pointe.

Réalisation. Fabriquer les deux personnages. Les fentes le long du corps se font en perforant d'abord des trous aux extrémités prévues, avec le poinçon rougi au feu, puis en évidant entre le deux trous avec le couteau. Fixer sur la planchette les deux supports des personnages (veiller à les incliner vers l'intérieur). Le support doit buter intérieurement contre le petit morceau de bois qui figure les bras, et dépasser du tube, en bas. Perforer le support et fixer la butée dans ce trou. Coller les cupules sur la planchette, ainsi que les deux cales. Tailler les deux baguettes des joueurs.

Utilisation. Mettre un grain de maïs dans le panier du premier joueur. Placer une baguette en position de levier sur la cale, et frapper un petit coup sec : le grain de maïs doit sauter dans l'une des cupules. Fixer les règle du jeu (attribuer les points aux différentes cupules; si le grain de maïs saute dans le panier de l'autre joueur, la partie est gagnée sur ce coup).

Los lançaires

Material. *Una postarèla de 2 x 15 cm, pauc o pro. Tròces de tudèls de canavera. Tròces de gisclas. Cufèlas d'aglands o de fèinas. Grans de milh. Pega.*

Esplechs. *Lo cotèl. Ponchon de fil de fèrre fin e poncha gròssa.*

Realisacion. *Fabricar los dos personatges. Las fendas lo long del còs se fan en traucar primièr als caps prevists, amb lo ponchon rogit al fuòc, puèi en curar entre los dos traucs amb lo cotèl. Fixar subre la postarèla los dos supòrts dels personatges (velhar de los clinar deval dedins). Lo supòrt deu butar al dedins contre lo bocin de bòsc que representa los braces, e despassar del tudèl, debàs. Traucar lo supòrt e fixar la butada dins aquel trauc. Pegar las cufèlas subre la postarèla, tan coma las doás còtas. Talhar las doás verguetas dels jogaires.*

Utilisacion. *Botar un gran de milh dins lo ceston del primièr jogaire. Plaçar una vergueta en pausicion de caplèva subre la còta, e donar un pichon còp sec : lo gran de milh deu sautar dins l'una de las cufèlas. Fixar las règlas del jòc (donar de ponchs a las diferentas cufèlas; se lo gran de milh sauta dins lo ceston de l'autre jogaire, la partida es ganhada sus aquel còp).*

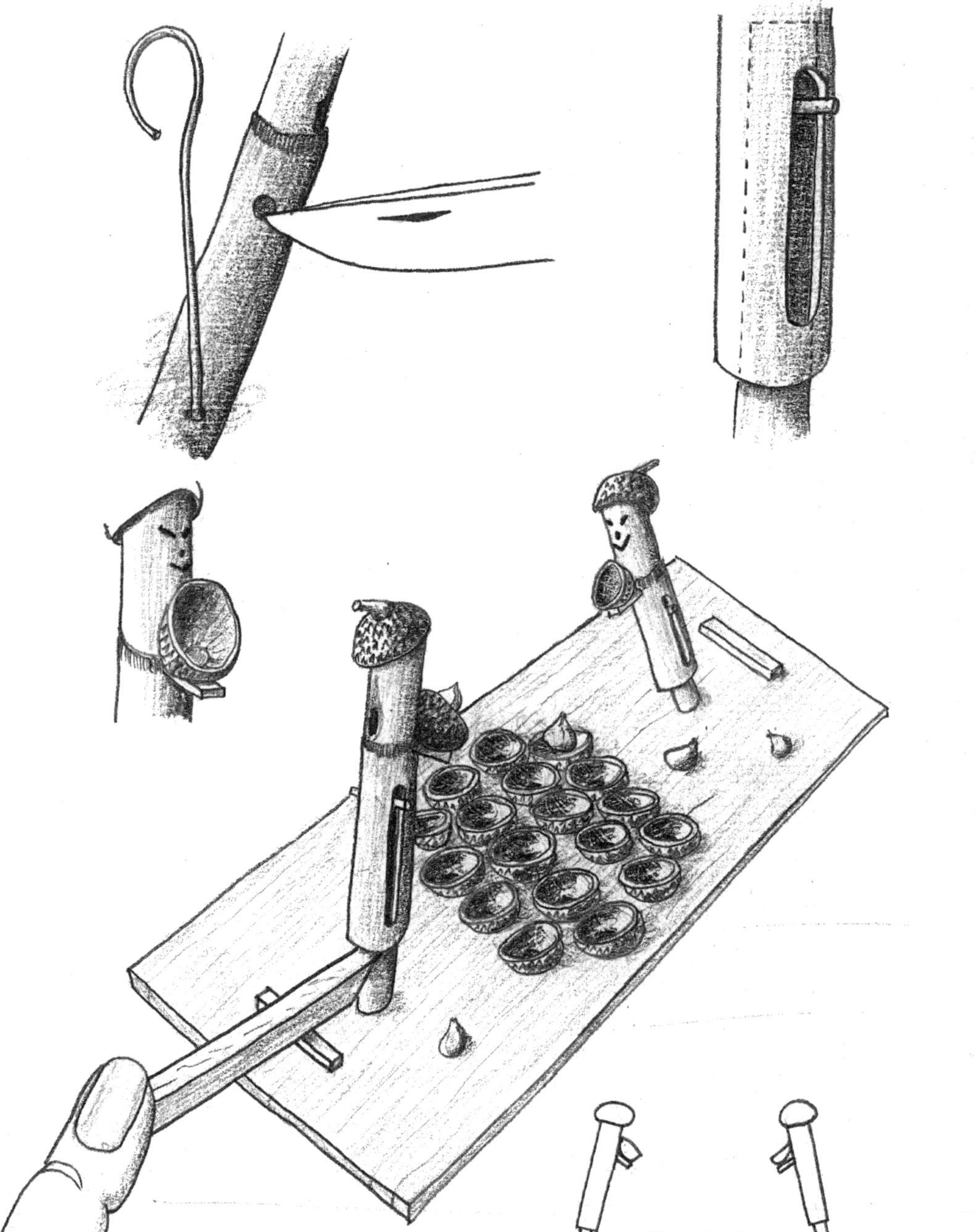

La crécelle chinoise

Matériaux. Deux tronçons de gitolle : un fin et un gros. Un tronçon de tube (bambou, sureau, etc...). Du fil de fer de grosseur moyenne. Un petit élastique.

Outils. Le couteau, ciseaux, pinces.

Réalisation. Sculpter le personnage dans le gros tronçon de la gitolle. Fendre la gitolle fine dans le tiers de sa hauteur (deux fentes opposées à angle droit), et y fixer deux ailettes. Passer deux rondelles de sureau sur le manche pour éviter qu'il ne fende, et pour retenir le personnage. Fixer le fil de fer avec les pinces : enfoncer la pointe côté personnage, boucler côté manche, mettre l'élastique en place. Torsader l'élastique avec la palette qui doit faire pression côté arrière du personnage.

Utilisation. Faire tourner le personnage autour du manche : on obtient un bruit de crécelle.

Lo rascle de China

Material. *Dos tròces de giscla : un fin e l'autre gròs. Un tròç de tudèl (bambó, sambuc, e çò autre...). De fil de fèrre de grossor mejana. Una pichona elastica.*

Esplechs. *Cotèls; cisèls; pinças.*

Realisacion. *Escultar lo personatge dins lo tròç gròs de la giscla. Fendre la giscla fina dins lo tèrç de sa longor (doás fendas opausadas d'escaire), e i fixar doás aletas. Engulhar lo margue dins dos annèls de sambuc per tal que fendèsse pas, e per reténer lo personatge. Fixar lo fil de fèrre amb las pinças : enfonsar la poncha costat personatge, nosar costat margue; botar l'elastica en plaça. Torcejar l'elastica amb la paleta que deu faire pression costat arrièr del personatge.*

Utilisacion. *Faire virar lo personatge al torn del margue : s'obten un bruch de rascle.*

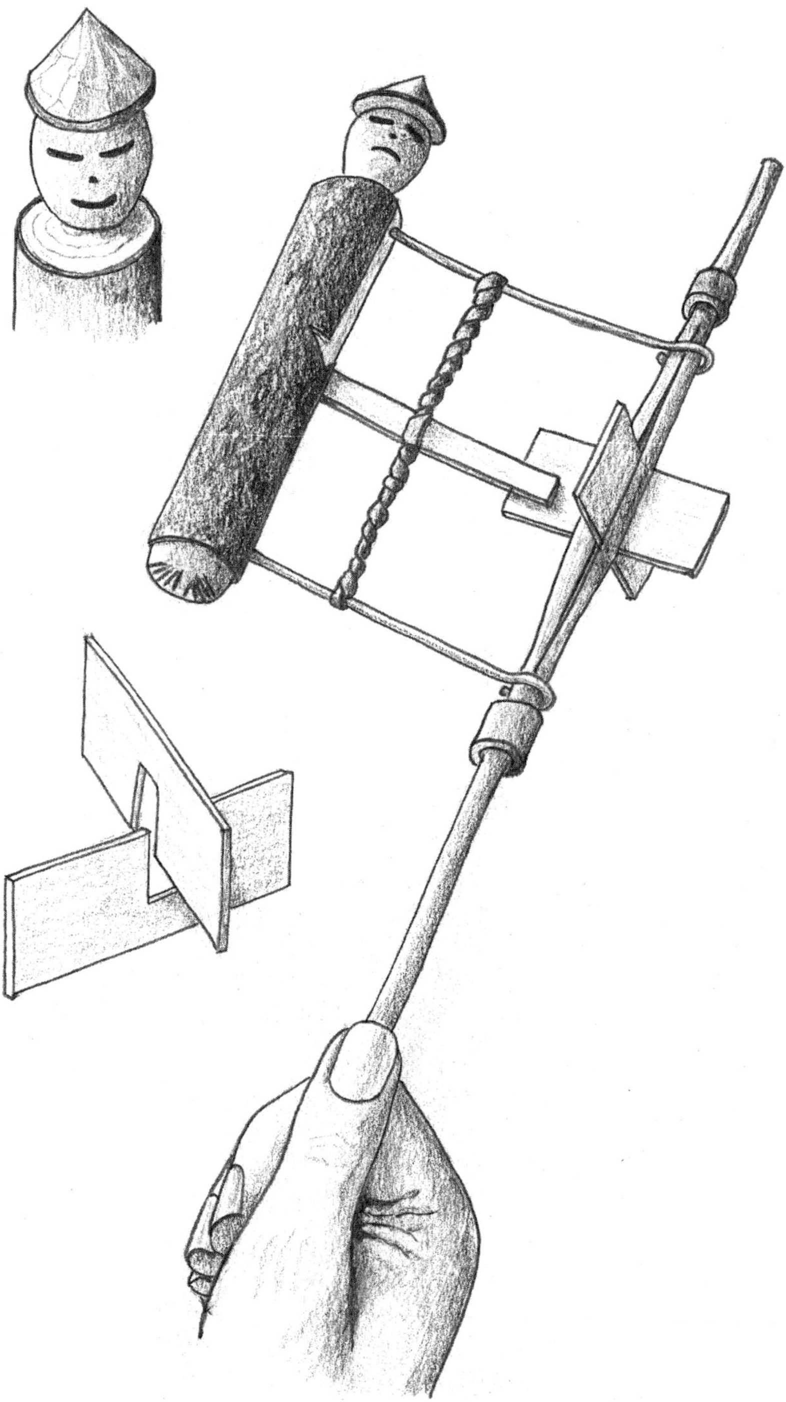

La colombe au poussoir

Matériaux. Planchette de contre-plaqué fin (cagette de fruits). Du fil de fer moyen. De la ficelle. Une gitolle longue d'un mètre environ. De la colle.

Outils. Le couteau ou une scie fine. Poinçons à faire rougir au feu. Des pinces.

Réalisation. Découper les divers éléments : corps, ailes, roues. Les perforer aux endroits indiqués sur le dessin. Coller les pattes. Fendre l'axe des roues en son milieu ; le monter et coller les roues aux extrémités. Fixer ensuite une fine baguette, dans la fente de l'axe, entre les pattes, afin de maintenir l'ensemble dans une position centrée, laissant ainsi la place pour le passage des bielles en fil de fer derrière la roue. Fixer les ailes (en ménageant un jeu suffisant) et les bielles avec la ficelle. Pratiquer une fourche au bout de la gitolle.

Utilisation. Poser l'oiseau à terre et le pousser avec la gitolle coincée ou collée. L'oiseau bat des ailes en avançant.

La colomba

Material. *Postarèlas de contraplacat fin (gabiòta de fruchas); fil de fèrre mejan; ficèla; una giscla longa d'un mètre, pauc o pro; pega.*

Esplechs. *Cotèl (o ressa fina); ponchon de faire rogir al fuòc; pinças.*

Realisacion. *Decopar los elements divèrs : còs, alas, ròdas. Los traucar als endrechs indicats sul dessenh. Pegar las patas. Fendre l'axe de las ròdas dins son mièg; lo montar e pegar las ròdas als caps; fixar puèi una fina lengueta, dins la fenda de l'axe, , entre las patas, pr'amor de manténer l'ensemble dins una pausicion centrada, daissant la plaça pel passatge de las bièlas de fil de fèrre darrièr la ròda. Fixar las alas (en mainajar pro de jòc) e las bièlas amb la ficèla. Faire una forca al cap de la giscla.*

Utilisacion. *Pausar l'aucèl sul sòl e lo butar amb la giscla conhada o pegada. L'aucèl aleteja en avançar.*

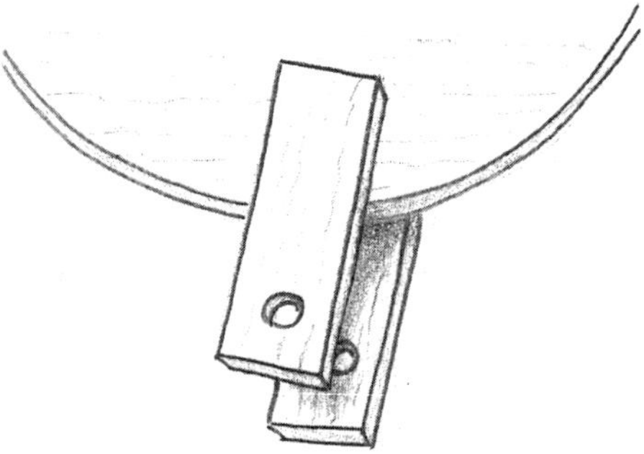

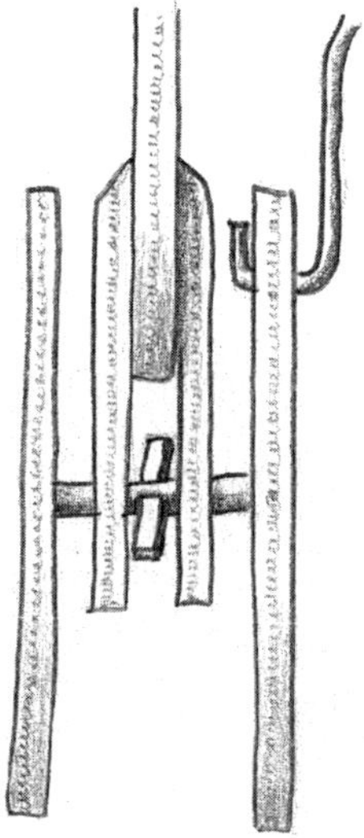

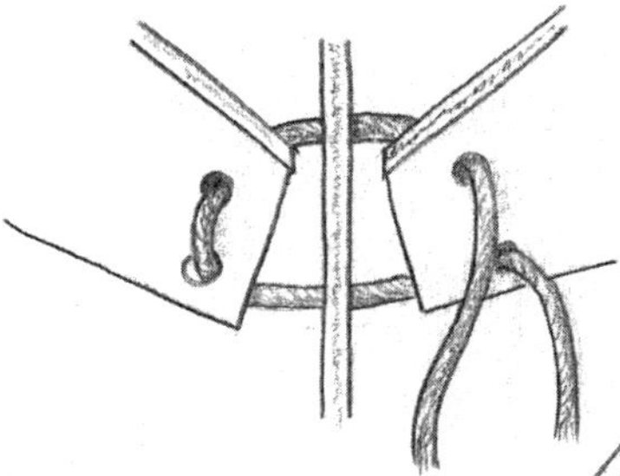

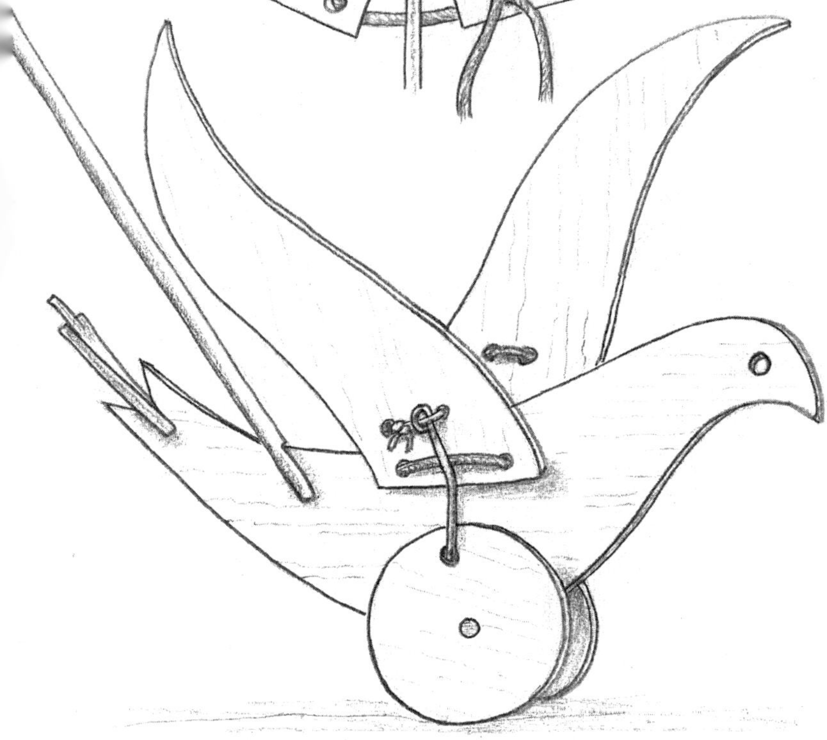

Le culbuteur

Matériaux. Une gitolle fine (noisetier, châtaignier, etc...). Un tronçon de bambou à l'intérieur duquel coulissera la gitolle. Cupules de glands.

Outils. Le couteau. Poinçons en fil de fer. De la colle.

Réalisation. Façonner le corps du culbuteur (échancrure pour les bras et pour les jambes). Faire les bras et les jambes avec des éclisses un peu épaisses. Faire les trous et la fente dans les jambes avec le poinçon fin rougi au feu. Les trous dans le buste doivent être plus gros que ceux des membres où seront fixées les chevilles. Perforer le haut du manche et y fixer les bras. Chercher la position convenable pour les jambes, et les fixer de la même manière. Tailler le tube de bambou en ménageant une tige au bout de laquelle sera collée une petite cale à perforer. Y fixer un axe très fin en bois dur.

Utilisation. Tenir le tube de bambou d'une main et le manche de l'autre. Lorsque le manche coulisse, le personnage doit culbuter en haut du mât.

Variante. Fixer les pieds seulement au bout du tube coulissant.

Lo cabussaire

Material. *Una giscla fina (avelanièr, castanhièr, e çò autre...); un tròç de bambó que la giscla i colimparà dedins; cufèla d'agland.*

Esplechs. *Lo cotèl; ponchons de fil de fèrre; pega.*

Realisacion. *Faiçonar lo còs del cabussaire (escavadura pels braces e per las cambas). Faire los braces e las cambas amb d'estèlas un pauc espessas. Faire los traucs e la fenda dins las cambas amb lo ponchon fin rogit al fuòc. Los traucs dins lo buste devon èstre mai gròs qu'aqueles dels membres que las cavilhas i seran fixadas. Traucar lo denalt del margue e i fixar los braces. Cercar la pausicion que conven per las cambas, e las fixar del mème biais. Talhar lo tudèl de bambó en mainajar una vergueta qu'una pichona còta de traucar, i serà pegada al cap. I fixar un axe plan fin de bòsc dur.*

Utilisacion. *Téner lo tudèl de bambó d'una man e lo margue de l'autra. Quand lo margue colimpa, lo personatge deu cabussar al cap del mast.*

Varianta. *Fixar los pès sonque al cap del tudèl colimpaire.*

Le cycliste funambule

Matériaux. Une fourche de frêne, ou d'érable, à trois dents. Une planchette de bois blanc solide. De la ficelle assez grosse très souple (cf. le tricotin). Du gros fil ou ficelle fine. De la laine de couleur vive. Du fil de fer ou de cuivre (diamètre 2 mm). De la colle. Un caillou.

Outils. Le couteau, scie à métaux, poinçon.

Réalisation. Couper la fourche de la longueur voulue ; dessiner les traits du visage. Pratiquer l'encoche pour la roue : percer un trou à chacune des extrémités prévues ; enlever le bois entre les deux trous. Oter l'écorce de la partie basse de la fourche, celle qui figurera le cadre du cycle. Perforer le cadre au niveau de la selle, pour y passer la grosse ficelle (les jambes). Découper la roue dans la planchette; y pratiquer une gorge avec la scie; y faire un trou central (attention, pas trop grand : le pédalier doit y être coincé). Fixer le pédalier, et le tordre sur place. Fixer le contrepoids.

Utilisation. Si l'on joue à deux, chacun tient une extrémité du fil tendu et l'abaisse puis la soulève alternativement : le cycliste descend en pédalant.

Lo ciclista funambul

Material. *Una forca de fraisse, o d'auseral, de tres dents. Una postarèla de bòsc blanc solida. De ficèla pro gròssa plan franca (cf lo tricotaire). De fil gròs o ficèla fina. De lana de color viva. De fil de fèrre o de coire (diamètre 2 mm). De pega. Un calhau.*

Esplechs. *Cotèl; ressa de metals; ponchon.*

Realisacion. *Copar la forca a la longor volguda; dessenhar los trachs de la cara. Praticar l'òsca per la ròda : 1) traucar a cada cap previst; 2) quitar lo bòsc entre los dos traucs. Quitar la rusca del fons de la forca, aquela que formarà lo quadre del cicle. Traucar lo quadre al nivèl de la sèla, per i passar la ficèla gròssa (las cambas). Decopar la ròda dins la postarèla; i praticar una garganta amb la ressa; i faire un trauc central (mèfi, pas tròp bèl : lo pedalièr deu èstre juntat). Fixar lo pedalièr, e lo tòrcer en plaça. Fixar lo contrapés.*

Utilisacion. *Se se jòga de dos, cadun ten un cap del fil tendut e lo baissa e lo soslèva, un còp l'un, un còp l'autre : lo ciclista davala en pedalar.*

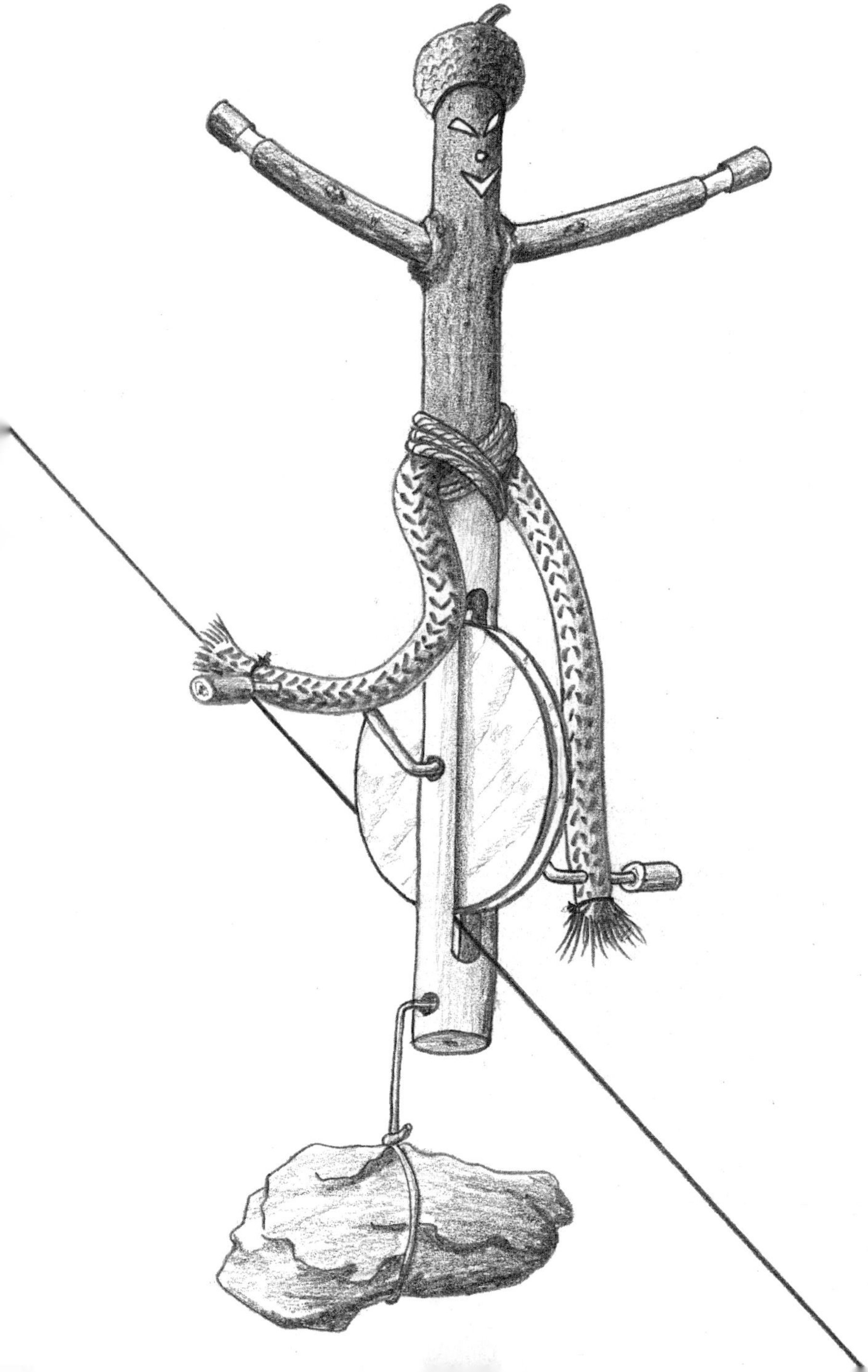

Les volatiles picoreurs

Matériaux. Une planchette de cagette de fruits en contre-plaqué fin (3 mm environ, en trois feuillets), ou boite de camembert ou barquette de fraises. Une gitolle de noisetier ou de châtaignier. Un petit morceau de bambou. Un petit caillou. Du fil à coudre. De la colle.

Outils. Le couteau, poinçons en fil de fer (un très fin et un gros).

Réalisation. La pièce la plus délicate est l'ensemble tête-cou. Couper un tronçon de gitolle et effiler un côté en languette où l'on pratiquera deux trous au fer rouge : un gros pour l'articulation, l'autre très petit pour le fil. Les ailes et la queue seront réalisées dans un seul feuillet du contre-plaqué ; elles seront coincées dans des fentes pratiquées à la pointe du couteau. Coller le manche. Fixer le caillou aux deux fils.

Utilisation. Tenir l'ensemble par le manche, et faire décrire un cercle par le caillou. Les volatiles picorent.

Los aucèls becaires.

Material. *Una postarèla de gabiòta de fruchas de contraplacat fin (3 mm, pauc o pro, de tres fulhets), o bòstia de camembèrt o barqueta de majofas. Una giscla d'avelanièr o de castanhièr. Un pichon tròç de bambó. Un pichon calhau. De fil de cóser. De pega.*

Esplechs. *Lo cotèl; ponchons de fil fèrre (un plan fin, l'autre gròs).*

Realisacion. *La peça la mai delicata es l'ensemble cap-còl. Copar un tròç de giscla e afilar un pam en lengueta que se i praticarà dos traucs al fèrre roge : un gròs per l'articulacion, l'autre plan pichon, pel fil. Las alas e la coá seran realisadas dins un sol fulhet del contraplacat; saran conhadas dins de fendas praticadas amb la poncha del cotèl. Pegar lo margue. Fixar lo calhau als dos fils.*

Utilisacion. *Téner l'ensemble pel margue, e faire dessenhar un ceucle pel calhau. Los aucèls becan.*

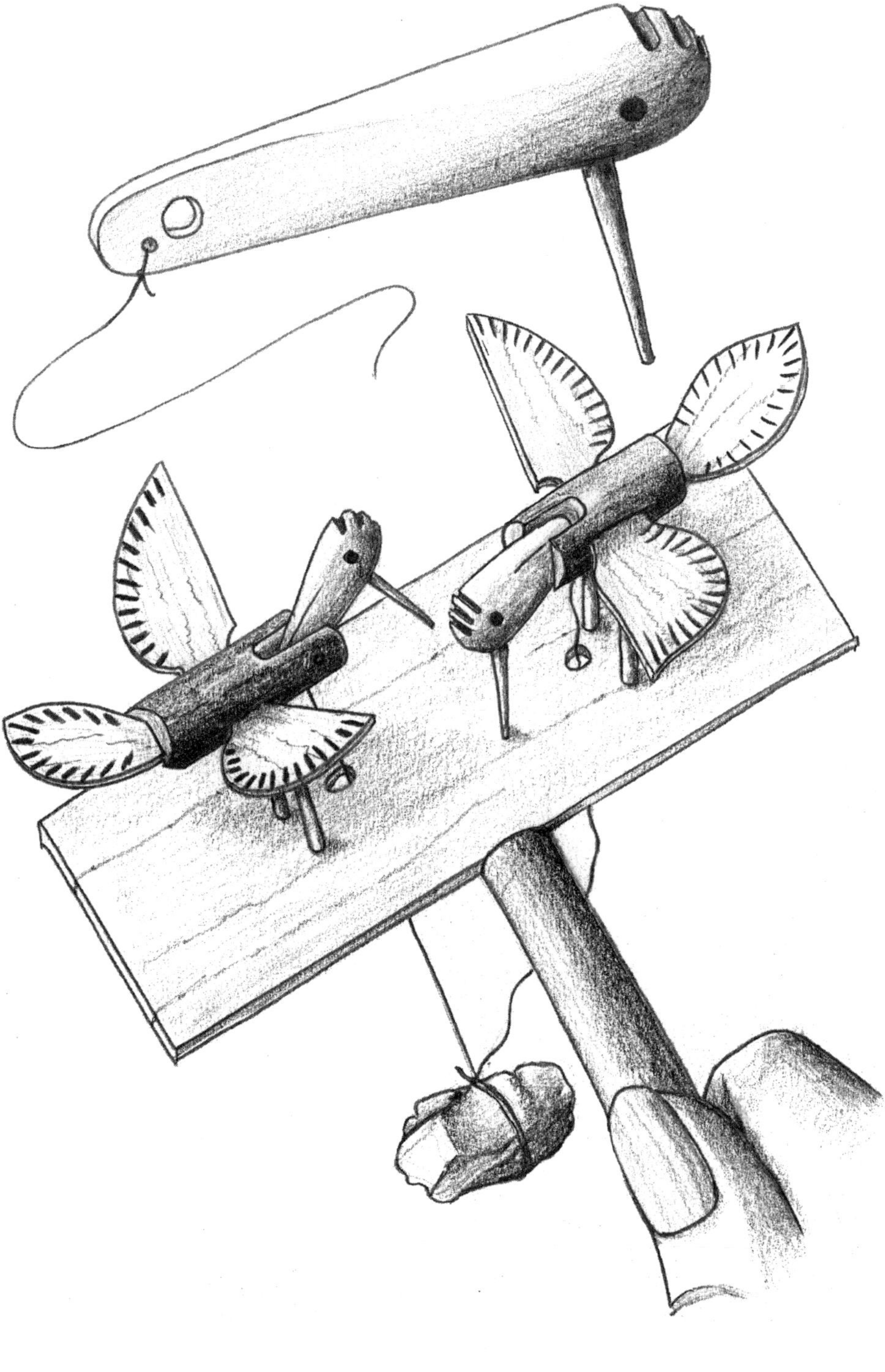

La snatra *

Matériaux. Un morceau de bois blanc (peuplier) d'environ 3 x 3 x 20 cm. Des tronçons de bois rond dur d'environ 3 et 5 cm de diamètre. Des gitolles. Une baguette de bambou.

Outils. Le couteau, poinçons, scie à métaux.

Réalisation. Scier deux rondelles épaisses (> 1 cm). Marquer quatres diamètres, dessiner les dents et les tailler au couteau ou à la scie. A l'aide d'une des petites roues dentées, marquer les emplacements des dents sur la grande roue. Si on ne tombe pas juste, réduire la circonférence de la grande roue. Pour évider le chassis, faire des trous aux extrêmités du cadre intérieur, puis découper au couteau. Faire un trait de scie dans le chassis, et y passer la languette. Mettre en place et coller les deux petites roues sur l'axe. Cheviller la manivelle sur la grande roue dont l'axe sera fixé au châssis. Coller les deux rondelles d'arrêt.

Utilisation. Faire tourner la manivelle pour obtenir un bruit de crécelle.

* Nom donné en Italie du Nord.

L'esnatrà

***Material**. Un tròç de bòsc blanc (pibola) de 3 x 3 x 20 cm, pauc o pro. De tròces de bòsc redond de 3 e 5 cm de diamètre, pauc o pro. De gisclas. Una vergueta de bambó.*

***Esplechs**. Lo cotèl; ponchons; ressa de metals.*

***Realisacion**. Ressar doás rondèlas espessas (>1 cm). Marcar 4 diamètres, dessenhar las dents e las talhar al cotèl o a la ressa. En s'ajudar d'una de las pichonas ròdas dentadas, marcar los emplaçaments de las dents subre la ròda bèla. Se l'òm tomba pas juste, redure la circonferéncia de la ròda bèla. Per curar lo quadre, traucar als caps del quadre interior, talhar puèi al cotèl. Tirar una estèla del bambó, faire un trach de ressa dins lo quadre, e i passar la lengueta. Botar en plaça e pegar las doás pichonas ròdas subre l'axe. Cavilhar lo menalh subre la ròda bèla que l'axe ne serà fixat al quadre. Pegar las doás rondèlas d'arrèst.*

***Utilisacion**. Faire virar lo menal per obténer un bruch de rascle.*

**Nom donat en Itàlia del nòrd.*

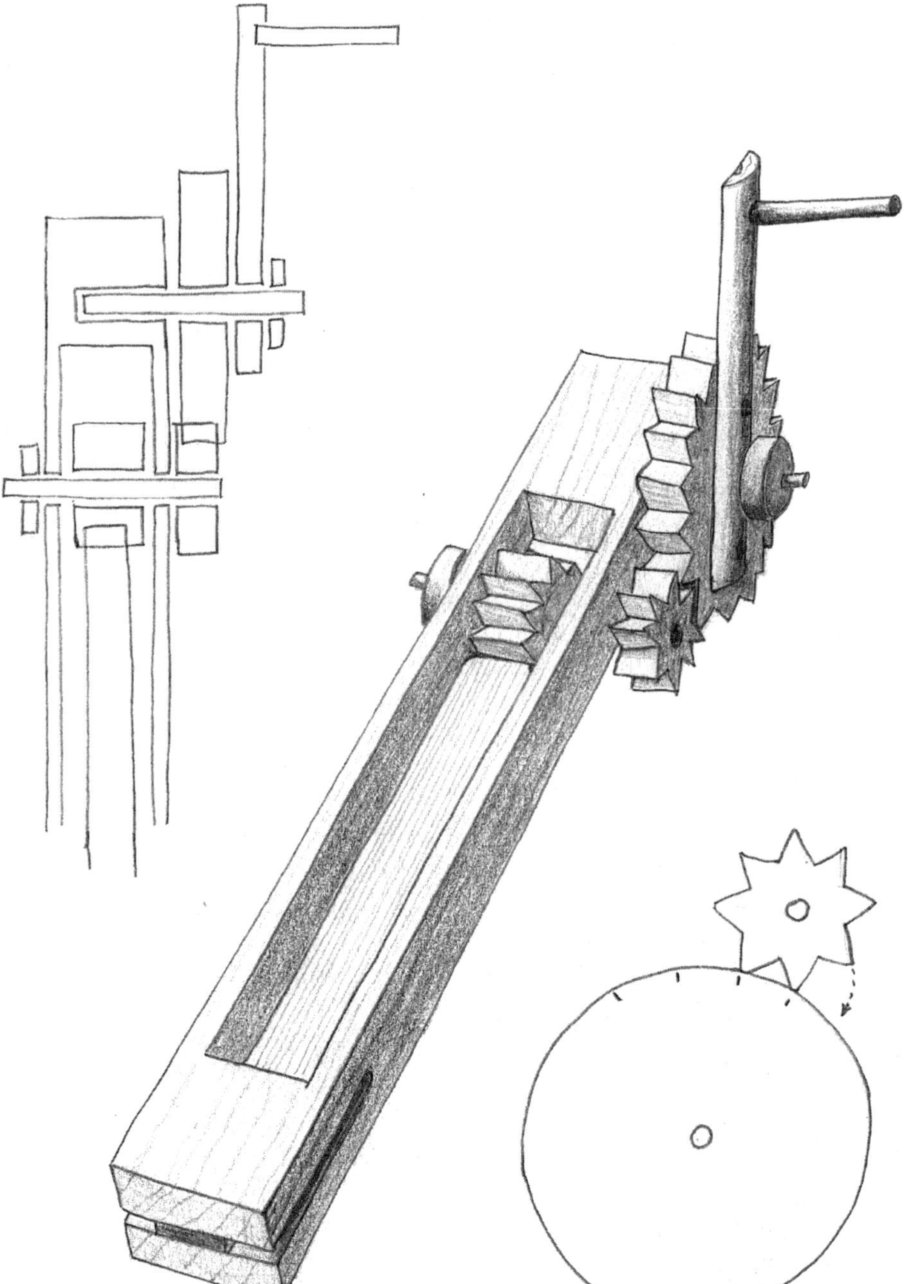

Une brève histoire de l'Opinel

Nous sommes en 1880, à Albiez-le-vieux, au coeur des Alpes de Savoie.

Joseph Opinel a dix-huit ans. Avec son père Daniel, taillandier de profession, il forge et trempe dans le torrent selon la tradition de la taillanderie, serpes, cognées, doloires, pics, bêches et houes, couteaux que distribuent les colporteurs aux alentours.

Tel est le cadre où naît, des mains de Joseph Opinel, dans l'hiver froid de la Maurienne, à la veillée autour du feu de bois , le couteau de poche, d'abord destiné aux amis, qui allait faire le tour du monde.

Lame d'acier trempé, virole, manche de bois de la montagne, sont les trois clefs d'un succés séculaire. Et le profil n'a jamais changé, tant il est né parfait.

Restait à trouver l'emblème : le choix de Joseph se porta sur la main couronnée de Saint-Jean de Maurienne, rappel de la main qui avait baptisé le Christ, et, dès 1909, la marque était déposée.

Cent ans après, 120 personnes au travail, 10 modèles à la vente pour un prix moyen inférieur à 30 F, 1000 mètres cubes de bois par an, 20 000 couteaux par jour , 30 pays d'exportation, 150 000 000 exemplaires forgés depuis les origines, voilà les chiffres du succès.

Mais la véritable réussite n'est-elle pas d'avoir mis dans toutes les mains, de l'agriculteur alpin des premiers jours à l'écolier des villes d'aujourd'hui, du randonneur à l'automobiliste, du sherpa himalayen au pisteur d'Afrique, ce compagnon fidèle qui a su conserver à travers l'espace et le temps son profil chaleureux et rustique ?

Aux jeunes utilisateurs

«Les mauvais couteaux coupent les doigts et laissent le bois».
Un couteau de qualité est un couteau qui s'aiguise.

Comment aiguiser ton opinel

N'utilise jamais un couteau émoussé qui exige, pour couper, des efforts importants. Un couteau bien aiguisé est d'un maniement plus facile.

L'angle d'affûtage est, en général, de 18° à 20°. Tu peux ouvrir ou fermer cet angle, selon le travail à éxécuter : un angle ouvert donne plus de force et moins de tranchant ; un angle fermé produit l'effet inverse.

Utilise un pierre à grain moyen pour commencer et une autre à grain fin pour terminer. Mouille la pierre avec de l'eau ou avec une goutte d'huile, selon ce qui convient le mieux.

Dans un mouvement ample et uniforme, passe la lame sur la pierre en appuyant.Veille à maintenir un angle constant. Exerce la pression toujours dans un seul sens (voir dessin).

Table des matières

Index

Acabat d'estampar lo 15 de julhet 1994
sus las premsas de l'estampariá
«Impressions graphiques de l'Ouest»
I.G.O.
pel compte de «l'ostal del libre»
servici edicion-difusion
de la seccion cantalesa de
l'Institut d'Estudis Occitans
I.E.O.